大是文化

중등 키 수학 총정리 28일 완성

# 28天救回
# 國中數學

## 從20分快速進步到70分，
## 用你一定可以理解的方式打好基礎，
## 看完題目再也不說「我放棄」。

榮獲韓國教育出版部門大獎、
具有 40 年出版數學書籍的經驗

**鑰匙出版社——著**

陳聖薇——譯

U0027624

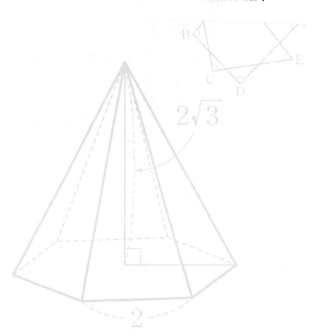

# 目 次

推薦序

# 要努力，更要善用工具

《誰都可能呼攏你，但是數學不會》作者／黃光文

在開始之前我想先說一個故事。

有一個村莊，大部分人的職業都是以砍柴維生的樵夫。其中，有一個樵夫年輕力壯，也非常用心工作，可是他發現，他的收穫永遠比不上村裡的老樵夫。他覺得應該是自己不夠努力，所以又加長工作時間，結果他的收成還是比老樵夫少，甚至還不增反降。

年輕樵夫終於忍不住去請教老樵夫。老樵夫跟他說：「你知道我們之間最大的差別在哪嗎？我們兩個最大的差異在於，我每天回到家做的第一件事情就是把我的斧頭磨利，而你將工作時間越拉越長，回到家自然是倒頭就睡，而你的斧頭也會因此越來越鈍。一棵樹我砍 5 下就倒了，但你可能要砍 20 下，甚至 30 下才會倒。一整天下來，我的收穫量當然比你多……我並非比你更努力，而是比你更有效率。」

為什麼我要講這個故事？因為在二十多年的教學過程中，我看過好多從國中開始長期被數學「霸凌」的學生。

有一類學生是因為本身不夠努力，不過還有一類學生就是犯了跟年輕樵夫一樣的錯誤。他們拚命付出心力且單純相信，花的時間越久，回饋便會越多。然而，他們卻忘了把最重要的斧頭磨利。

什麼是「斧頭」？當然就是你的大腦，你必須培養更加銳利的思考。那麼，該怎麼打磨你的大腦？你需要一個有經驗的「老樵夫」。

這本《28 天救回國中數學》，按部就班詳細說明國中三年最重要的核心概念，搭配實戰練習題，讓學生確認並加強重要觀念，更棒的是，這些題目主要是從常犯的迷思下手設計，增加認知衝突、加深印象。

　　不僅如此，書中還有提供學習計畫表讓學生自我檢視，並附有各單元系統圖，利用圖像化增加對概念的連結。28 天能不能救回國中數學可能因人而異，但我相信，孩子的數學地圖一定會更加清晰。

　　我知道大家一定會有疑問：這和市面上販售的數學書有什麼不同？先說結論，當然不一樣。因為課綱經常改來改去，知識被切割成碎片，坊間的書籍比較像拼圖，而本書比較像給孩子一塊塊的積木，讓他們慢慢去搭建自己未來的數學大廈。「碎片」只能在固定的模式中使用，唯有「積木」才能自由連結、遷移。

　　學習數學的重點從來都不是你有多用力輸出，而是你的有效輸出多少。你雖然要不斷努力，但更要懂得善用工具。

# 各單元系統圖

| 課程單元 | 28 天救回國中數學 | 銜接高中數學單元 |
|---|---|---|
| 數的運算 | 質因數分解<br>整數與有理數<br>有理數與循環小數<br>平方根與實數 | 集合<br>命題<br>指數<br>對數 |
| 代數 | 符號使用與公式計算<br>一次方程式與一次不等式<br>聯立一次方程式<br>多項式的平方與因式分解<br>二次方程式 | 多項式運算<br>餘式定理與因式分解<br>複數與二次方程式<br>二次方程式與二次函數<br>各種方程式與不等式 |
| 座標幾何及函數 | 座標平面與圖形<br>一次函數與圖形<br>一次函數與一次方程式的關係<br>二次函數與圖形 | 有理函數與無理函數<br>指數函數與對數函數<br>三角函數<br>排列、極限、級數<br>微分、積分 |
| 空間與形狀 | 基本圖形、角度與全等圖形<br>平面圖形與立體圖形的關係<br>三角形與四邊形的性質<br>相似圖形<br>畢氏定理與三角<br>圓的性質 | 平面座標<br>直線方程式<br>圓的方程式<br>圓錐曲線<br>平面向量<br>空間圖形與空間座標 |
| 機率與統計 | 資料整理與分析<br>機率與其基本性質<br>代表值與散布圖<br>關聯性 | 排列與組合<br>二項式定理<br>機率<br>統計 |

\* 可參照本書單元，提前預備高中數學課程。

# 學習計畫表

| 週次 | 學習日期及熟練程度 | | | |
|------|------|------|------|------|
| 第 1 週 | 第 1 天<br>學習日期：<br>熟練度：★○△× | 第 2 天<br>學習日期：<br>熟練度：★○△× | 第 3 天<br>學習日期：<br>熟練度：★○△× | 第 4 天<br>學習日期：<br>熟練度：★○△× |
| 第 2 週 | 第 8 天<br>學習日期：<br>熟練度：★○△× | 第 9 天<br>學習日期：<br>熟練度：★○△× | 第 10 天<br>學習日期：<br>熟練度：★○△× | 第 11 天<br>學習日期：<br>熟練度：★○△× |
| 第 3 週 | 第 15 天<br>學習日期：<br>熟練度：★○△× | 第 16 天<br>學習日期：<br>熟練度：★○△× | 第 17 天<br>學習日期：<br>熟練度：★○△× | 第 18 天<br>學習日期：<br>熟練度：★○△× |
| 第 4 週 | 第 22 天<br>學習日期：<br>熟練度：★○△× | 第 23 天<br>學習日期：<br>熟練度：★○△× | 第 24 天<br>學習日期：<br>熟練度：★○△× | 第 25 天<br>學習日期：<br>熟練度：★○△× |

1. 每天記錄學習日期，無法按表操課時，也須定下預計學習日期。
2. 可以嘗試預習高中數學（參見圖中標示灰底的日期）。
3. 自行診斷學習理解度，確認熟練程度，需要加強不足的部分。

★：完美了解概念和例題。

○：寫例題時稍有失誤。

△：雖然理解概念，但無法解題。

×：對概念的理解不足。

| | | | |
|---|---|---|---|
| 第 5 天<br>學習日期：<br>熟練度：★○△× | 第 6 天<br>學習日期：<br>熟練度：★○△× | 第 7 天<br>學習日期：<br>熟練度：★○△× | 補充／複習天數：<br>學習日期：<br>熟練度：★○△× |
| 第 12 天<br>學習日期：<br>熟練度：★○△× | 第 13 天<br>學習日期：<br>熟練度：★○△× | 第 14 天<br>學習日期：<br>熟練度：★○△× | 補充／複習天數：<br>學習日期：<br>熟練度：★○△× |
| 第 19 天<br>學習日期：<br>熟練度：★○△× | 第 20 天<br>學習日期：<br>熟練度：★○△× | 第 21 天<br>學習日期：<br>熟練度：★○△× | 補充／複習天數：<br>學習日期：<br>熟練度：★○△× |
| 第 26 天<br>學習日期：<br>熟練度：★○△× | 第 27 天<br>學習日期：<br>熟練度：★○△× | 第 28 天<br>學習日期：<br>熟練度：★○△× | 補充／複習天數：<br>學習日期：<br>熟練度：★○△× |

# 第 1 章

## 數的運算

# 1 質因數分解

## 01 質數與乘方運算

質數是比 1 大的自然數中，只有 1 與本身外，無法被整除。合數是指除了 1 與自身外，還可以被其他數整除的數。乘方運算指的是同一數字或符號相乘，乘以的數字或符號為底數，連乘的數字或符號個數為指數。例如，$2 \times 2 = 2^2$、$2 \times 2 \times 2 = 2^3$ 稱為 2 的乘方運算。

舉例來說，$3 \times 3 \times 3 \times 3 \times 3 = 3^5$ 是 3 的乘方運算，其中 3 是底數、5 是指數，也就是 3 乘以 5 次。另外，$3 \times 3 = 3^2$ 讀作 3 的平方，$3 \times 3 \times 3 = 3^3$ 則稱為 3 的次方。

### 實戰練習 1-1

下列選項何者正確？
① 最小的質數是 1。
② 質數中沒有偶數。
③ 133 是質數。
④ 4 的倍數中，沒有質數。
⑤ 所有自然數的因數都有 2 個以上。

### 實戰練習 1-2

請找出可滿足 $3^4 = a$，$5^b = 125$ 的自然數 a+b 的總和。

## 02 質因數分解

　　有自然數 a、b、c，當 a＝b×c 時，b 與 c 是 a 的因數。而質因數是指能整除正整數的質數。將一個正整數表示成質因數乘積的過程叫做質因數分解。正因數的個數指的是自然數 N 以 N＝$a^m$×$b^n$（a，b 是不同質數、m，n 是自然數）進行分解時，N 的正因數個數為 (m＋1)×(n＋1)。

　　舉例而言，18 可以是 1×18、2×9、3×6，因此 18 的因數有 1、2、3、6、9、18，其中 2、3 為質因數，同時質因數相乘的乘方運算呈現即為 18＝2×3×3＝2×$3^2$。

　　質因數分解的結果依序從最小的質因數開始寫起，同一質因數相乘則可用乘方運算呈現。

### 實戰練習 1-3

當 108 乘以一個自然數會得到自然數平方時，請問乘上的最小自然數為何？

### 實戰練習 1-4

參考下表將 75 質因數分解後，求出所有因數。

| x | 1 | 5 | $5^2$ |
|---|---|---|---|
| 1 | 1 | 5 | $5^2$ |
| 3 | 3 | 3×5 | 3×$5^2$ |

**實戰練習 1-5**

假設自然數的因數個數是 $P(n)$，求出可滿足 $P(180) \times P(n) = 72$ 的最小自然數 n。

# 03 公因數與最大公因數

因數是可以除以某一數的數；公因數是兩個以上自然數的共同因數；最大公因數是指公因數中最大的數。例如，12 的因數有 1、2、3、4、6、12；18 的因數有 1、2、3、6、9、18，因此 12 與 18 的公因數是 1、2、3、6，其中最大的因數是 6，所以最大公因數即是 6。

若要求出 18 與 60 的最大公因數，可以用下列兩種方法：

| 方法 1 | 方法 2 |
|---|---|
| $18 = 2 \times 3^2$<br>$60 = 2^2 \times 3 \times 5$<br>———————<br>$2 \times 3$ | 2 ⎸18　60<br>3 ⎸9　30<br>　　3　10 |

因此，可以得出兩者的最大公因數 $= 2 \times 3 = 6$。

另外，互質指的是最大公因數只有 1 的兩個數，比如，5 與 8 的最大公因數是 1，所以可知 5 與 8 互質。

**實戰練習 1-6**

請求出以下這三個數字 $2^2 \times 3^2$、$2 \times 3^2 \times 5$、$2^3 \times 3^2 \times 7$ 的最大公因數。

### 實戰練習 1-7

請選出下列數中，不是 96、120、168 的公因數。

① $2^2$　② $2^3$　③ $2\times3^2$　④ $2^2\times3$　⑤ $2^3\times3$

### 實戰練習 1-8

將 87 顆糖果與 65 個巧克力平均分給學生，最後剩下 3 顆糖果、5 個巧克力，請求出學生人數最多有幾名？

## 04 公倍數與最小公倍數

倍數是某一數字的一倍、兩倍、三倍……之數；公倍數為兩個以上自然數的共同倍數；最小公倍數則是指公倍數中最小的數。

比方說，4 的倍數是 4、8、12、16、20、24，6 的倍數是 6、12、18、24、30、36，因此 4 與 6 的公倍數有 12、24……，其中，兩者的最小公倍數為 12。

若要求出 50 與 60 的最小公倍數，可以用下列兩種方法：

| 方法 1 | 方法 2 |
| --- | --- |
| $50=2\times5^2$<br>$60=2^2\times3\times5$<br>$2^2\times3\times5^2$ | 2 \| 50　60<br>5 \| 25　30<br>　　5　6 |

因此，最小公倍數 $=2^2\times3\times5^2=300$

$=2\times5\times5\times6=300$

**實戰練習 1-9**

請求出以下這三個數字 $2^2 \times 3$、$2 \times 3^2 \times 5$、$2^2 \times 3^2 \times 7$ 的最小公倍數。

**實戰練習 1-10**

請求出三個自然數的比是 $3:4:6$，最小公倍數是 72 的三個自然數的總和。

**實戰練習 1-11**

長 18cm、寬 12cm、高 10cm 的長方體箱子，想堆疊成一個正六面體，請問需要幾個長方體箱子？

# 整數與有理數

## 01 整數與有理數

　　整數：正整數（自然數）、0、負整數。有理數的定義有二，其一，$\dfrac{a}{b}$（a、b 為整數，b≠0）。其二，正有理數、0、負有理數，正有理數是正數、負有理數是負數。有關有理數的分類如下：

| 有理數 | 整數 | 正整數（自然數）：1、2、3……。 |
| --- | --- | --- |
| | | 0 |
| | | 負整數：−1、−2、−3……。 |
| | 非整數的有理數 | $\dfrac{1}{3}$、$-\dfrac{3}{4}$、2.5……。 |

### 實戰練習 2-1

下列何者錯誤？

① 所有自然數都是有理數。

② 0 是整數，但不是有理數。

③ 所有整數皆可以 $\dfrac{a}{b}$（a、b 為整數，b≠0）呈現。

④ 負整數是有理數。

⑤ 不同的兩個有理數之間，存有無數的有理數。

## 02 絕對值

　　數線上從原點開始到某數對應的點為止，稱為該數的絕對值，記號為$|\ \ |$。絕對值$\geq 0$，且為正數，0 的絕對值是 0。離原點越遠，絕對值就越大。

　　舉例來說，$-3$ 的絕對值：$|-3|=3$；$+3$ 的絕對值：$|+3|=3$。

---

**實戰練習 2-2**

　　若 $\langle a, b \rangle = \begin{cases} |a| & (|a| \geq |b|) \\ |b| & (|a| < |b|) \end{cases}$ 時，請求出 $\langle -7, 5 \rangle - \langle 8, -4 \rangle$ 的值。

---

**實戰練習 2-3**

　　數線上原點與整數 x 之間的距離小於 $\dfrac{5}{4}$ 時，請求出 x 所有的值。

---

## 03 有理數的加減

　　有理數的加法有兩種：第一，相同符號的兩個有理數之和，為兩數的絕對值之和加上共同符號。第二，不同符號的兩個有理數之和，則為兩數絕對值之差，再加上絕對值較大的數字的符號。有理數的減法：將負號改成加號後運算。

　　另外，加法交換律：$a+b=b+a$

　　　　加法結合律：$(a+b)+c=a+(b+c)$

$\square - (-\dfrac{5}{18}) = -\dfrac{7}{30}$，請求出空格內的數字。

a 的絕對值是 $\dfrac{9}{2}$、b 的絕對值是 $\dfrac{5}{4}$。a−b 的值中，最大值為 M、最小值為 m 時，請求出 M−m 的值。

# 04 加法與減法的混合運算

　　當加法、減法混合運算時，記得將減號改為加號後運算。將省略正數加上「+」，並將減號改為加號後運算。在加法與減法混合的算式中，可以利用交換律，讓分數歸分數、小數歸小數，分別運算相當便利。

請求出下列算式的答案。

(1) $(+\dfrac{1}{3}) + (-\dfrac{3}{4}) - (+\dfrac{5}{6})$

(2) $(-\dfrac{1}{2}) + \dfrac{3}{8} - \dfrac{5}{6}$

## 05 有理數的乘除

有理數的乘法：相同符號的兩個有理數相乘，在兩數絕對值相乘值加上「＋」。不同符號的兩個有理數相乘，在兩數絕對值相乘值加上「－」。

乘法交換律：$a×b＝b×a$；乘法結合律：$(a×b)×c＝a×(b×c)$；分配律：$a×(b＋c)＝a×b＋a×c$，$(a＋b)×c＝a×c＋b×c$。

倒數是指某兩個數相乘為 1 時，兩者即為倒數。有理數的除法：將除數的倒數相乘。例如：$a÷b＝a×\dfrac{1}{b}＝\dfrac{a}{b}$ $(b≠0)$。

---

### 實戰練習 2-7

四個有理數 $\dfrac{20}{3}$、$7$、$-\dfrac{8}{5}$ 、$-\dfrac{5}{14}$ 中，選出三個數相乘之後，何者數值會最大。

---

### 實戰練習 2-8

請求出下列空格中的正確數字。

(1) $(-4)^2×\square÷(-\dfrac{2}{3})^2×(-\dfrac{3}{4})=-54$

(2) $\dfrac{3}{4}÷\square×6÷(-3^2)=\dfrac{7}{4}$

## 06 加減乘除的混合運算

　　先看乘方，並掌握先乘除後加減的原則。公式中有括號時，依據括號的小、中、大來計算。以 $a^n(a>0)$ 為例，若 n 為偶數：$(-a)^n=a^n$，若 n 為奇數：$(-a)^n=-a^n$。

### 實戰練習 2-9

請求出下列算式的答案。

$(1)$ $-6-4\div(-\dfrac{2}{3})^2\times(-3)^2$

$(2)$ $(-\dfrac{1}{4})\div(-\dfrac{1}{2})^2-(-6)\times[(-\dfrac{4}{3})+2]$

$(3)$ $2\times\{\dfrac{1}{2}-[\dfrac{4}{5}\div(-\dfrac{2}{15})]+1\}-1$

## 07 有理數與有限小數

　　有限小數：小數點後不是 0 的數字是有限的，例如 $\dfrac{1}{16}=\dfrac{1}{2^4}=0.0625$，$\dfrac{1}{20}=\dfrac{1}{2^2\times5}=0.05$。無限小數：小數點後有無限多個不是 0 的數字，比如，$\dfrac{1}{12}=\dfrac{1}{2^2\times3}=0.08333\cdots\cdots$。

　　將分數約分為最簡分數時，分母的質因數如果是 2 或 5，就會是有限小數。

## 實戰練習 2-10

$\dfrac{a}{120}$ 以小數表示時，為有限小數，可約分成最簡分數 $\dfrac{1}{b}$。若 a 最小為兩位數的自然數，請求出 a+b 之和。

## 實戰練習 2-11

$\dfrac{3}{56}$、$\dfrac{1}{75}$ 兩分數各自乘上一個自然數 A 時，都會變成有限小數。請求出可能是 A 的最小自然數。

# 08 循環小數與其表示法

循環小數是指小數點之後，從某一位數開始的數字不斷重覆出現的無限小數，而循環節則是指不斷重覆出現的數字。如何標示循環小數，在循環節的數字上方標示一點。

另外，如何用分數表示循環小數，方法有二：第一，先讓循環節相同的數字出現兩次，之後再刪掉循環的數字；第二，分母：依據循環節的數字個數標示相同個數的 9，其後依據小數點後非循環的數字個數，標示相同個數的 0 分子：（全部數）－（非循環部分的數）。

(1) 循環小數的標示：

| 循環小數 | 循環節 | 循環小數的標示 |
|---|---|---|
| 1.3575757… | 57 | $1.3\overset{..}{5}\overset{.}{7}$ |

(2) 用分數表示循環小數的方式一：

當 $x = 2.3\overset{\cdot}{4}6\overset{\cdot}{5} = 2.3465465\cdots$ 時

$$10000x = 23465.465465\cdots$$
$$-)\quad 10x = \quad\quad 23.465465\cdots$$
$$\overline{9990x = 23442}$$

$$\therefore x = \frac{23442}{9990} = \frac{3907}{1665}$$

(3) 用分數表示循環小數的方式二：

$$0.1\overset{\cdot}{2}3\overset{\cdot}{4} = \frac{1234 - 12}{9900} = \frac{1222}{9900} = \frac{611}{4950}$$

## 實戰練習 2-12

下列選項中，循環小數 $x = 4.0\overset{\cdot}{3}\overset{\cdot}{2}$ 以分數呈現時，所需的公式為何？

① $10x - x$　　　② $100x - x$　　　③ $100x - 10x$

④ $1000x - 10x$　　　⑤ $1000x - 100x$

## 實戰練習 2-13

當循環小數 $0.\overset{\cdot}{3}$ 的倒數是 a、循環小數 $1.\overset{\cdot}{6}$ 的倒數是 b 時，請求出 $\dfrac{a}{b}$ 的值。

## 實戰練習 2-14

找出滿足 $\dfrac{1}{5} < 0.\overset{\cdot}{a} < \dfrac{8}{15}$ 的一位數自然數 a 的個數。

# 3 平方根與實數

## 01 平方根的意義與其表示法

滿足 $x^2=a(a≥0)$ 的數 x 是 a 的平方根。正數的平方根有正數與負數兩個，其絕對值相同。負數沒有平方根，0 的平方根是 0。當 $a≥0$ 時，a 的正平方根 $\sqrt{a}$、負平方根 $-\sqrt{a}$，唸法為「平方根 a」。當 $a>0$ 時，a 的平方根是 $\pm\sqrt{a}$，平方根 a 是 $\sqrt{a}$。

舉例來說，平方後會是 9 的數字 x，即為 $x^2=9$。這時，$3^2=9$、$(-3)^2=9$ 因此 9 的正平方根是 3，負平方根是 $-3$。

### 實戰練習 3-1

下列何者正確？
① $\sqrt{16}$ 的平方根是 $\pm 4$。
② 0 沒有平方根。
③ 負數的平方根是負數。
④ $-\sqrt{(-2)^2}=-2$。
⑤ $\sqrt{9}-\sqrt{4}=\sqrt{5}$。

### 實戰練習 3-2

當平方根 144 是 A、$(-7)^2$ 的負平方根是 B 時，請求出 A+B 的值。

## 02 平方根的性質

當 $a>0$ 時，$(\sqrt{a})^2=a$、$(-\sqrt{a})^2=a$、$\sqrt{a^2}=a$、$\sqrt{(-a)^2}=a$。

另外，$\sqrt{a^2}=|a|=\begin{cases} a(a\geq 0) \\ -a(a<0) \end{cases}$。

舉例來說，$\sqrt{（正數）^2}=（正數）$、$\sqrt{（負數）^2}=-（負數）=正數$。

以 $\sqrt{(a-b)^2}$ 的公式呈現，當 $a>b$ 時，因 $a-b>0$，所以 $\sqrt{(a-b)^2}=a-b$；當 $a<b$ 時，因 $a-b<0$，所以 $\sqrt{(a-b)^2}=-(a-b)$。

1、4、9、16、25……等自然數的平方，稱為平方數。根號內的數字是平方數的話，拿掉根號就是自然數。

### 實戰練習 3-3

當 $a<b<0$ 時，請化簡 $\sqrt{(-2a)^2}+\sqrt{b^2}+\sqrt{(a-b)^2}$。

### 實戰練習 3-4

請求出符合自然數 $\sqrt{\dfrac{540}{x}}$ 的最大兩位數的自然數 $x$ 的值。

## 03 平方根的大小關係

當 $a>0$，$b>0$ 時，若 $a<b$，則 $\sqrt{a}<\sqrt{b}$；若 $\sqrt{a}<\sqrt{b}$，則 $a<b$；若 $\sqrt{a}<\sqrt{b}$，則 $-\sqrt{a}>-\sqrt{b}$。例如：因為 $2<3$，所以 $\sqrt{2}<\sqrt{3}$；因為 $\sqrt{6}>\sqrt{5}$，所以 $6>5$；因為 $\sqrt{7}<\sqrt{11}$，所以 $-\sqrt{7}>-\sqrt{11}$。

當 $0<a<b$ 時，若要求出滿足 $a<\sqrt{x}<b$ 的 x 值範圍的話，前後數字要平方，即 $a^2<x<b^2$。

舉例而言，若要比較 a 與 $\sqrt{b}$ 的大小 ($a>0$，$b>0$)，則須將沒有根號的數加上根號；若要比較 $\sqrt{a^2}$ 與 $\sqrt{b}$ 的大小，則是要先將兩數平方才行。

---

**實戰練習 3-5**

下列數字中，當最小數為 x、最大數為 y 時，請求出 $x^2+y^2$ 的值。

$$\sqrt{\frac{16}{3}}\ ,\ -4\ ,\ \sqrt{(-3)^2}\ ,\ \sqrt{12}\ ,\ -\sqrt{\frac{9}{2}}\ ,\ -\sqrt{17}$$

---

**實戰練習 3-6**

請求出下列數中，無法滿足 $\sqrt{5}\leq\sqrt{x}<3$ 的自然數 x 的值。
① 5　② 6　③ 7　④ 8　⑤ 9

---

# 04 無理數與實數

無理數指的是，不循環的無限小數。有關小數的分類如下所示：

$$\text{小數}\begin{cases}\text{有限小數}\cdots\cdots\cdots\cdots\cdots\cdots\cdots\cdots\text{有理數}\\\text{無限小數}\begin{cases}\text{循環小數}\cdots\cdots\cdots\cdots\cdots\text{有理數}\\\text{不循環的無限小數}\cdots\cdots\text{無理數}\end{cases}\end{cases}$$

實數包含有理數與無理數，有關實數系統的分類如下：

$$實數 \begin{cases} 有理數 \begin{cases} 整數 \begin{cases} 正整數（自然數）：1，2，3\cdots\cdots \\ 0 \\ 負整數：-1，-2，-3\cdots\cdots \end{cases} \\ 不是整數的有理數：-\dfrac{1}{3}，0.3，\dfrac{1}{7}\cdots\cdots \end{cases} \\ 無理數（不循環的無限小數）：\sqrt{2}，\pi，-\sqrt{3}\cdots\cdots \end{cases}$$

**實戰練習 3-7**

請選出下列數字中，不會循環的無限小數。

① $\sqrt{10}$　② $-\sqrt{2^4}$　③ $3.5\overset{..}{2}$　④ $\sqrt{\dfrac{2}{3}}$　⑤ $\sqrt{0.1}$　⑥ $-\sqrt{0.01}$

**實戰練習 3-8**

下列描述何者為非？

① 無理數不能用分數表示。

② 兩無理數的和一定為無理數。

③ 不循環的無限小數是無理數。

④ 所有整數是有理數。

⑤ 無限小數中也有有理數。

## 05 實數與數線

　　數線上會有實數對應的點，這時所有實數都在數線上有相對應的點。在不同的實數之間，存有無數實數。

例如，無理數在數線上的呈現如下：

① 正方形的邊長是 $\sqrt{2}$

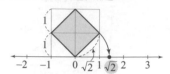

② 正方形的邊長是 $\sqrt{5}$

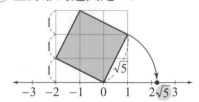

---

### 實戰練習 3-9

請問下列何者為非？

① 不同的兩個有理數之間有無數的無理數。

② 不同的兩個無理數之間有無數的有理數。

③ 所有實數都能在數軸上找到對應點。

④ 可找出與 1 最近的有理數。

⑤ 1 與 2 之間有無數的有理數。

---

### 實戰練習 3-10

下圖中每一格的邊長都是 1 的正方形，請求出這時 A、B、C、D 四點對應的數的總和。

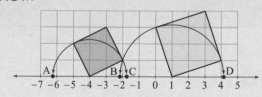

## 06 實數的大小關係

比較 a、b 兩個實數時，若 a−b>0，則 a>b；若 a−b=0，則 a=b；若 a−b<0，則 a<b。舉例來說，比較兩個實數 $\sqrt{2}-2$ 與 $\sqrt{3}-2$ 的大小，$(\sqrt{2}-2)-(\sqrt{3}-2)=\sqrt{2}-2-\sqrt{3}+2=\sqrt{2}-\sqrt{3}<0$，所以 $\sqrt{2}-2<\sqrt{3}-2$。

比較 a、b、c 三個實數時，若 a<b 且 b<c，則 a<b<c；若 a>b 且 b>c，則 a>c；若 a>b，則 a+c>b+c；若 a>b 且 c>0，則 ac>bc；若 a>b 且 c<0，則 ac<bc。

---

### 實戰練習 3-11

請比較下列兩實數的大小關係。
① 2，$\sqrt{10}-1$
② $\sqrt{10}-\sqrt{7}$，$3-\sqrt{7}$
③ $\sqrt{18}-3$，1
④ $-\sqrt{14}-1$，$-\sqrt{14}-\sqrt{2}$

---

### 實戰練習 3-12

將 $\sqrt{2}+2$，$\sqrt{2}+\sqrt{3}$，$-\sqrt{2}-1$，4 由大到小開始排列時，第二大的數字為何？

# 4 根式的運算

## 01 平方根的乘除

當 a>0，b>0，且 m、n 是有理數時，平方根的乘法公式如下：

(1) $\sqrt{a} \times \sqrt{b} = \sqrt{ab}$

(2) $m\sqrt{a} \times n\sqrt{b} = mn\sqrt{ab}$

當 a>0，b>0，且 m、n 是有理數時，平方根的除法公式如下：

(1) $\dfrac{\sqrt{b}}{\sqrt{a}} = \sqrt{\dfrac{b}{a}}$

(2) $m\sqrt{a} \div n\sqrt{b} = \dfrac{m}{n}\sqrt{\dfrac{a}{b}}$

當 a>0，b>0 時，根式化簡如下所示：

(1) $\sqrt{a^2\,b} = \sqrt{a^2} \times \sqrt{b} = a\sqrt{b}$

(2) $\sqrt{\dfrac{b}{a^2}} = \dfrac{\sqrt{b}}{\sqrt{a^2}} = \dfrac{\sqrt{b}}{a}$

例如，$\sqrt{12} = \sqrt{2^2 \times 3} = 2\sqrt{3}$，$3\sqrt{5} = \sqrt{3^2 \times 5} = \sqrt{45}$。

### 實戰練習 4－1

請化簡下列各式。

(1) $\sqrt{144} \times \sqrt{(-2)^2} \times \sqrt{12} \times \sqrt{5}$

(2) $\sqrt{48} \times \sqrt{18} \div \sqrt{\dfrac{2}{9}} \div \sqrt{108}$

### 實戰練習 4－2

當 $\sqrt{150} = a\sqrt{6}$，$\sqrt{\dfrac{32}{9}} = b\sqrt{2}$ 時，請求出有理數 $a+b$ 的總和。

## 02 分母有理化

當分母是有根的無理數時，分母、分子同時乘上一個不是 0 的數，即可將分母有理化。當 $a>0$，$b>0$，$c \neq 0$ 的實數時，分母有理化的方法如下：

(1) $\dfrac{b}{\sqrt{a}} = \dfrac{b \times \sqrt{a}}{\sqrt{a} \times \sqrt{a}} = \dfrac{b\sqrt{a}}{a}$

(2) $\dfrac{\sqrt{b}}{c\sqrt{a}} = \dfrac{\sqrt{b} \times \sqrt{a}}{c\sqrt{a} \times \sqrt{a}} = \dfrac{\sqrt{ab}}{ac}$

**實戰練習 4－3**

請將下列數字的分母有理化。

(1) $\dfrac{3}{\sqrt{7}}$　(2) $\dfrac{2}{3\sqrt{5}}$　(3) $\dfrac{\sqrt{5}}{2\sqrt{3}}$　(4) $\dfrac{\sqrt{3}}{3\sqrt{2}}$

# 03 平方根的加減

根號內的數字相同時，以相同方式運算多項式同類項的加法、減法。

舉例來說，當 a>0，且 m、n 是有理數時：

(1) $m\sqrt{a}+n\sqrt{a}=(m+n)\sqrt{a}$

(2) $m\sqrt{a}-n\sqrt{a}=(m-n)\sqrt{a}$。

要注意的是，$\sqrt{2}+\sqrt{3}\neq\sqrt{2+3}$，$\sqrt{5}-\sqrt{3}\neq\sqrt{5-3}$。

**實戰練習 4－4**

請化簡下列各式。

(1) $\sqrt{18}-3\sqrt{2}$

(2) $4\sqrt{2}-\sqrt{8}+\sqrt{48}-3\sqrt{3}$

(3) $\sqrt{48}+5\sqrt{3}-\dfrac{6}{\sqrt{3}}$

# 04 複雜的根式運算

　　若根號內有平方的因數,根號要往外挪。若有括號,可利用分配律或乘法公式解開括號。若分母為含根號的無理數,須先將分母有理化。最後,記得要先乘除後加減。請看下列範例:

(1) $\sqrt{24}=\sqrt{2^2\times 6}=2\sqrt{6}$

(2) $\sqrt{2}(\sqrt{3}+\sqrt{5})=\sqrt{2}\sqrt{3}+\sqrt{2}\sqrt{5}=\sqrt{6}+\sqrt{10}$

(3) $(\sqrt{2}+1)(\sqrt{2}-1)=(\sqrt{2})^2-1^2=2-1=1$

(4) $\dfrac{1}{\sqrt{5}-2}=\dfrac{\sqrt{5}+2}{(\sqrt{5}-2)(\sqrt{5}+2)}=\dfrac{\sqrt{5}+2}{(\sqrt{5})^2-2^2}=\dfrac{\sqrt{5}+2}{5-4}=\sqrt{5}+2$

　　需要注意的是,將根號外的數平方,並挪往根號內時,負數不可放在根號內。例如,$-2\sqrt{3}\neq\sqrt{(-2)^2\times 3}$,$-2\sqrt{3}=-\sqrt{2^2\times 3}=-\sqrt{12}$。

## 實戰練習 4−5

請化簡下列各式。

(1) $\sqrt{3}(\sqrt{6}+\sqrt{3})-\dfrac{10}{\sqrt{2}}(\sqrt{8}-\sqrt{2})$

(2) $(\sqrt{2}-2)^2-(3\sqrt{2}+4)(3\sqrt{2}-4)$

**實戰練習4－6**

當 $\dfrac{\sqrt{12}-2}{\sqrt{3}-2}-\dfrac{2}{\sqrt{5}+\sqrt{3}}=a+b\sqrt{3}+c\sqrt{5}$ 時，請求出有理數 $a+b+c$ 的總和。

# 05 平方根的值

　　乘方開方表是從 1.00 到 99.9 的數，經過正平方根值的簡化後，求出各數的近似值（四捨五入取到小數第三位）。查找開頭前兩位數字所在的列，再找到結尾數字所在的行，交會之處即為平方根。

　　當根號內的數字是 100 以上的平方根值，可採用 $\sqrt{100a}=10\sqrt{a}$，$\sqrt{10000a}=100\sqrt{a}$ 的表現方式；而當根號內的數是 0 以上、未滿一萬的平方根值時，可寫做 $\sqrt{\dfrac{a}{100}}=\dfrac{\sqrt{a}}{10}$，$\sqrt{\dfrac{a}{10000}}=\dfrac{\sqrt{a}}{100}$。

　　例如，當 $\sqrt{2.02}=1.421$，$\sqrt{2.11}=1.453$ 時：

(1) $\sqrt{202}=\sqrt{100\times2.02}=10\sqrt{2.02}$

$\qquad=10\times1.421=14.21$

(2) $\sqrt{0.0211}=\sqrt{\dfrac{2.11}{100}}=\dfrac{\sqrt{2.11}}{10}$

$\qquad=\dfrac{1.453}{10}=0.1453$

**實戰練習 4－7**

當 $\sqrt{2}=1.414$，$\sqrt{20}=4.472$ 時，請求出下列的值。

(1)$\sqrt{2000}$　(2)$\sqrt{0.2}$　(3)$\sqrt{50}$　(4)$\sqrt{\dfrac{1}{20}}$

**實戰練習 4－8**

當 $\sqrt{10}=3.16$ 時，請求出 $\dfrac{\sqrt{45}-\sqrt{20}}{\sqrt{2}}$ 的值。

# 第1～4天　單元總整理題型

**質因數分解**

1. 當自然數 a 的因數個數是 n(a) 時，請求出可滿足 n(72)×n(48)×n(a)=720 的最小自然數 a。

2. 請求出滿足下列條件的自然數 n。
   ⑴ 比 90 大且比 110 小的自然數。
   ⑵ 擁有兩個質因數，兩個質因數相乘為 10。

**公因數與最大公因數**

3. 將鉛筆 30 支、筆記本 45 本、橡皮擦 75 個平均分給學生，請求出最多可以分配給幾位學生。

4. 長 168 公分、寬 72 公分的長方形牆壁，要貼滿正方形的磁磚。請找出邊長不同的正方形磁磚種類個數。

**公倍數與最小公倍數**

5. 某公車轉運站，往首爾的客運每 8 分鐘一班、往釜山的客運每 14 分鐘一班。假設上午 6 點 28 分兩班同時出發，請找出在上午 9 點與 10 點之間，同時出發的時刻為何。

邏輯題

6. 某公司，A 每工作四天就休息一天、B 每工作五天就休息兩天。從 A、B 兩人在同一日工作起算一年的時間裡，請找出兩人同時休息的日子共有幾天。

**有理數的加減**

7. 請說出下列運算中 (a) 與 (b) 的運算規則。

$$(+12)+(-15)+(-12)$$
$$=(-15)+(+12)+(-12) \quad \text{(a)}$$
$$=(-15)+[(+12)+(-12)] \quad \text{(b)}$$
$$=(-15)+0=-15$$

**有理數的乘除**

8. 當 $-2$ 的倒數是 a，0.75 的倒數是 b 時，請求出 a、b 的值。

9. 當 $(-\dfrac{1}{3})^2 \times \square \div (-3)^2 = -\dfrac{1}{9}$ 時，請求出空格內正確的數。

**加減乘除的混合運算**

10. 請算出下列各式的答案。

　(1) $(-8) \div 2 - 2 \times 4$

　(2) $3 \times [(-2)^2 - 5] - 6 \times (-1)^3$

　(3) $[3 - (2-8) \times (-\dfrac{1}{3})] + (-6)$

　(4) $\dfrac{3}{4} \div (-\dfrac{1}{2})^2 - 2^2 \times \dfrac{7}{4}$

　(5) $2 \times (-1)^3 - \dfrac{9}{2} \div [5 \times (-\dfrac{1}{2}) + 1]$

**有理數與有限小數**

11. 下列分數中，可以以有限小數表示的有哪些？

(1) $\dfrac{8}{3 \times 5}$

(2) $\dfrac{6}{5 \times 7}$

(3) $\dfrac{21}{2^2 \times 3 \times 5}$

(4) $\dfrac{18}{2 \times 3^3 \times 5}$

(5) $\dfrac{11}{3 \times 5 \times 11}$

12. $\dfrac{11 \times a}{360}$ 以有限小數表示，請求出最大兩位數的自然數 a。

13. $\dfrac{a}{150}$ 以分數表示為一有限小數，此分數經過約分為最簡分數 $\dfrac{7}{b}$。

當 $20 \le a \le 30$ 時，請分別求出 a、b 的值。

**循環小數與其表示法**

14. 下列循環小數改成分數中，正確的為何？

(1) $0.4\dot{7} = \dfrac{47}{90}$

(2) $0.\dot{3}4\dot{5} = \dfrac{115}{303}$

(3) $0.\dot{2}\dot{6} = \dfrac{8}{33}$

(4) $1.\dot{8}\dot{9} = \dfrac{188}{99}$

(5) $2.\dot{6}\dot{7} = \dfrac{267}{99}$

15. 互為因數的兩個自然數 m、n，當 $2.0\dot{4}\times\dfrac{n}{m}=(0.\dot{4})^2$ 時，請求出 m+n 的值為何？

邏輯題

16. 某一最簡分數以循環分數表示，敏雅因看錯分母寫成 $2.\dot{2}\dot{7}$、瑞希因看錯分子寫成 $0.\dot{5}\dot{7}$。請問最一開始最簡分數化成的循環分數是？

**平方根的性質**

17. 請選出下列算式中正確的選項。

(a) $\sqrt{(-6)^2}=-6$ 　　　　　　　(b) $(-\sqrt{3})^2=3$

(c) $-\sqrt{(-\dfrac{1}{4})^2}=\dfrac{1}{4}$ 　　　　　(d) $-\sqrt{\dfrac{1}{9}}=-\dfrac{1}{3}$

① (a)(b)

② (b)(c)

③ (b)(d)

④ (a)(c)(d)

⑤ (b)(c)(d)

18. 當 $0<x<1$ 時，請計算 $\sqrt{(1+\dfrac{1}{x})^2}-\sqrt{(1-\dfrac{1}{x})^2}$。

19. 請找出滿足 $\dfrac{3}{2}<\sqrt{x-1}\le 3$ 的自然數 x 中，2 的倍數的個數。

## 實數與數線

### 邏輯題

20.下圖座標平面上的 AOBC、$A_1BB_1C_1$、$A_2B_1B_2C_2$、$A_2B_1B_2C_2$ 都是正方形，

其邊長各為 $S_1S_2S_3$。當 $S_1=1$，$S_2=\dfrac{1}{2}S_1$，$S_3=\dfrac{1}{2}S_2$，求出 $\overline{OB_2}$ 的長度。

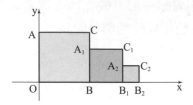

## 平方根的乘除

21.互質的兩個自然數 a、b，在能滿足 $\sqrt{1.0\dot{2}\times\dfrac{b}{a}}=0.\dot{1}$ 的前提下，請求出

a−b 的值。

## 平方根的加減

22.請算出 $\sqrt{12}-\dfrac{9}{\sqrt{27}}$ 的答案。

## 複雜的根式運算

23.將分數 $\dfrac{4}{\sqrt{3}+1}$ 的分母有理化，當 $A+B\sqrt{3}$ 時，求出有理數 A−B 的值。

24.當 $a=3\sqrt{2}$，$b=2\sqrt{3}$ 時，請求出 $a(a+b)-b(a+b)$。

25.化簡下列各式。

(1) $\sqrt{(-6)^2}+(-2\sqrt{3})^2-\sqrt{3}(2\sqrt{48}-\sqrt{\dfrac{1}{3}})$

(2) $2\sqrt{18}\div\sqrt{27}\times\sqrt{\dfrac{3}{2}}-\dfrac{4}{\sqrt{2}}$

(3) $-\sqrt{8}-\sqrt{3}(2\sqrt{6}-\sqrt{24})+5\sqrt{2}$

26.當 $x=\dfrac{\sqrt{3}-\sqrt{2}}{\sqrt{3}+\sqrt{2}}$ 時，請求出 $x^2-10x+6$ 的值。

**平方根的值**

27.當 $\sqrt{3}=1.732$，$\sqrt{30}=5.477$，請選出下列正確選項。

(1) $\sqrt{300}=54.77$

(2) $\sqrt{3000}=173.2$

(3) $\sqrt{0.3}=0.1732$

(4) $\sqrt{0.03}=0.5477$

(5) $\sqrt{0.003}=0.05477$

解題之鑰

1. $N=a^l\times b^m\times c^n$ 的因數個數是 $(l+1)(m+1)(n+1)$。

2. 從第二點可知相乘為 10 的質因數是 2 與 5。

3. 想平均分配就要求得公因數。

5. 想找出同時出發的時刻，就要求得公倍數。

7. $a+b=b+a$，$(a+b)+c=a+(b+c)$。

10.混合計算順序：第一，先算乘方；第二，有括號的話，依據括號大小（）、〔〕、｛｝的順序計算，第三，先乘除後加減。

11.～ 13. 將提供的分數化為最簡分數時，若分母的質因數只有 2 與 5，可以以有限小數表示。

14.$0.\dot{a}=\dfrac{a}{9}$，$0.\dot{a}\dot{b}=\dfrac{ab}{99}$，$0.a\dot{b}\dot{c}=\dfrac{abc-a}{990}$，$a.b\dot{c}\dot{d}=\dfrac{abcd-ab}{990}$。

15.m、n 互質時，$\dfrac{n}{m}$就是最簡分數。

18.當 a>0 時，$\sqrt{a^2}=a$，$\sqrt{(-a)^2}=a$。

19.滿足 $a<\sqrt{x}<b$ 的 x 值的範圍，可以求得各邊數值。

20.求出正方形各邊的長度。

22.當分母是無理數時，須從將分母有理化開始。

23.當分母是由兩個項組成的無理數時，利用 $(a+b)(a-b)=a^2-b^2$ 將分母有理化。

24.先整理好算式，再代入數值計算。

第 **2** 章

# 代數 1

# 5 單項式與多項式計算

## 01 指數律

當 $m$、$n$ 是自然數時，指數的乘法公式為 $a^m \times a^n = a^{m+n}$。當 $m$、$n$ 是自然數時，指數的平方表示為 $(a^m)^n = a^{mn}$。當 $m$、$n$ 是自然數且 $a \neq 0$ 時，若 $m > n$，則 $a^m \div a^n = a^{m-n}$；若 $m = n$，則 $a^m \div a^n = 1$；若 $m < n$，則 $a^m \div a^n = \dfrac{1}{a^{n-m}}$。當 $m$ 是自然數時，指數的乘積與商表示如下：

$(ab)^m = a^m b^n$、$(\dfrac{a}{b})^m = \dfrac{a^m}{b^m} (b \neq 0)$。

舉例來說：

(1) $x^4 \times x^3 = x^{4+3} = x^7$

(2) $(x^4)^3 = x^{4 \times 3} = x^{12}$

(3) $x^5 \div x^3 = x^{5-3} = x^2$

(4) $x^3 \div x^5 = \dfrac{1}{x^{5-3}} = \dfrac{1}{x^2}$

(5) $(a^2 b^3)^3 = (a^2)^3 \times (b^3)^3 = a^6 b^9$

(6) $(\dfrac{a^2}{b^3})^4 = \dfrac{(a^2)^4}{(b^3)^4} = \dfrac{a^8}{b^{12}}$。

**實戰練習 5-1**

請化簡下列各式。

(1) $(a^2)^3 \times (a^3)^4$

(2) $(a^2 b^4)^2 \times (ab^2)^3$

(3) $(a^4)^3 \div (a^2)^3$

(4) $(xy^3 z)^2 \div (xyz)^3$

**實戰練習 5-2**

當 $2^4 \div 2^a = \dfrac{1}{32}$，$16 \div 2^b \times 4 = 32$ 時，請求出常數 $a + b$ 的值。

**實戰練習 5-3**

$2^{10} \times 3^2 \times 5^9$ 是 $n$ 位數的自然數，當每位數的和為 $m$ 時，請求出 $m + n$ 的值。

## 02 單項式的乘除

　　單項式的乘法：指數乘指數、底數乘底數，同一底數相乘可利用指數律。單項式的除法：按照指數乘指數、底數乘底數的方式，只是要記

得換成分數，即可將除法換成乘法計算。

例如，(1)$A \div B \div C = A \times \dfrac{1}{B} \times \dfrac{1}{C} = \dfrac{A}{BC}$

(2)$A \div \dfrac{C}{B} = A \times \dfrac{B}{C} = \dfrac{AB}{C}$

## 實戰練習 5-4

請化簡下列各式。

(1)$(a^2 b^3)^2 \times (\dfrac{a^2}{b})^3 \div a^4 b$

(2)$(-4a^2 b^3) \div (-3a^3 b^4) \times (3ab^2)^2$

(3)$(-xy^2)^2 \div [-(xy^3)^2] \times (-x^2 y)^3$

# 03 多項式的加減

先解括號，後計算同類項。這時會有多種括號的算式，依據（小括號）→〔中括號〕→｛大括號｝的順序解題，並整理同類項。

二次式是指算式中有平方的多項式，形成多項式的各項指數中，最大值就是該多項式的次數。二次式的運算方式也是先解括號，後計算同類項。

舉例而言，$3x^2 - x + 2$ 即為 x 的二次式，$-y^2 - 3$ 則為 y 的二次式。

**實戰練習 5-5**

請化簡下列各式。

(1) $(3x^2 - 10x + 2) - (4x^2 - 5x - 2)$

(2) $2x - [3x - (4x - 3)] - 7$

(3) $2x - \{7y - 2x - [2x - (x - 3y)]\}$

(4) $3x - 2[3(-x + 1) + 4] + 2(x - 3)$

# 04 單項式與多項式的乘除

　　單項式與多項式乘法：（單項式）乘以（多項式），採用分配律就會出現多項式。兩個算式相乘形成一個多項式，將其展開則獲得多項式的展開式，比如，$m(a + b) = m \times a + m \times b = ma + mb$。

　　單項式與多項式除法：首先須化為分數形式，將原本在分子的各項化為皆有分母的存在，例如，$(a + b) \div c = \dfrac{a + b}{c} = \dfrac{a}{c} + \dfrac{b}{c}$。請看範例，

$$(2x^2 + 4xy) \div 2x = \frac{2x^2 + 4xy}{2x} = \frac{2x^2}{2x} + \frac{4xy}{2x} = x + 2y$$

　　或者利用分配律將各項除式的倒數相乘，比方說：

$$(a + b) \div c = (a + b) \times \frac{1}{c} = a \times \frac{1}{c} + b \times \frac{1}{c} = \frac{a}{c} + \frac{b}{c}$$

請看範例：
$$\begin{aligned}
(2x^2 + 4xy) \div 2x &= (2x^2 + 4xy) \times \frac{1}{2x} \\
&= 2x^2 \times \frac{1}{2x} + 4xy \times \frac{1}{2x} \\
&= x + 2y
\end{aligned}$$

**實戰練習 5-6**

請化簡下列各式。

(1) $4(a-b)-(12a^2b-15ab^2)\div(-3ab)$

(2) $(12x^2-9x^2y)\div3x-(4xy+6xy^2)\div(-2y)$

(3) $-2x(3x-y)-\dfrac{15x^2y+12xy^2}{3y}$

**實戰練習 5-7**

長 6x、寬 5y 的長方形如下圖，請求出上色部分的面積。

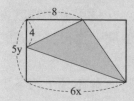

# 6 多項式乘法

## 01 單項式與多項式的乘法

（多項式）乘以（多項式）是採用分配律展開後，再將同類項歸類，例如，$(a+b)(c+d) = ac+ad+bc+bd$。請看以下範例：

$$(2x-y)(x+2y) = 2x^2 + 4xy - xy - 2y^2 = 2x^2 + 3xy - 2y^2$$

有關複雜算式的展開如下：

$$(a+b)(x+y+z)$$
$$= a(x+y+z) + b(x+y+z)$$
$$= ax + ay + az + bx + by + bz$$

### 實戰練習 6-1

求出下列展開式的常數 $A+B$ 的值。

(1) $(Ax-1)(3x+B) = 6x^2 + x - 2$

(2) $(5x+Ay)(3x-4y) = 15x^2 + Bxy + 4y^2$

### 實戰練習 6-2

請展開 $2a(3a-2) - (a+2)(a-b+5)$。

# 02 乘法公式

乘法公式的定義：利用乘法交換律、結合律與分配律，將繁複的計算整理為比較容易計算的代數式。常用的乘法公式如下：

(1) $(a + b)^2 = a^2 + 2ab + b^2 = (-a - b)^2 = [-(a + b)]^2$

(2) $(a - b)^2 = a^2 - 2ab + b^2 = (-a + b)^2 = [-(a - b)]^2$

(3) $(a + b)(a - b) = a^2 - b^2 = [-(a + b)][-(a - b)]$

(4) $(x + a)(x + b) = x^2 + (a + b)x + ab$

(5) $(ax + b)(cx + d) = acx^2 + (ad + bc)x + bd$

以下為乘法公式的各個範例：

(1) $(3x + 2)^2 = (3x)^2 + 2 \times 3x \times 2 + 2^2 = 9x^2 + 12x + 4$

(2) $(2x - 3)^2 = (2x)^2 - 2 \times 2x \times 3 + 3^2 = 4x^2 - 12x + 9$

(3) $(2x + 3y)(2x - 3y) = (2x)^2 - (3y)^2 = 4x^2 - 9y^2$

(4) $(x + 1)(x + 2) = x^2 + (1 + 2)x + 1 \times 2 = x^2 + 3x + 2$

(5) $(3x + 2)(4x - 1) = (3 \times 4)x^2 + [3 \times (-1) + 2 \times 4]x + 2 \times (-1) = 12x^2 + 5x + 2$

## 實戰練習 6-3

請選出下列錯誤的選項（答案有 2 個）。

① $(3x - 2)^2 = 9x^2 - 12x + 4$

② $(-x + 4)(4 + x) = x^2 - 16$

③ $(x + \dfrac{2}{3})(x - 3) = x^2 - \dfrac{7}{3}x - 2$

④ $(4x - 1)(3x + 2) = 12x^2 + 5x - 2$

⑤ $(-x - 2y)^2 = x^2 + 4xy - 4y^2$

**實戰練習 6-4**

請展開下列各式。

(1) $(2x+5)(3x-4)-(x-2)^2$

(2) $2(x-3)^2-(x-2)(x-8)$

(3) $(x-1)(x+1)(x^2+1)(x^4+1)$

# 03 乘法公式的變形

計算數的平方可利用 $(a \pm b)^2 = a^2 \pm 2ab \pm b^2$；計算兩數相乘可用 $(a + b)(a - b) = a^2 - b^2$。有共同部分的算式放一起，並利用上述提及的乘法公式來計算。乘法公式的變形如下所示：

(1) $x^2 + y^2 = (x + y)^2 - 2xy = (x - y)^2 + 2xy$

(2) $(x + y)^2 = (x - y)^2 + 4xy$

(3) $(x - y)^2 = (x + y)^2 - 4xy$

(4) $a^2 + \dfrac{1}{a^2} = (a + \dfrac{1}{a})^2 - 2 = (a - \dfrac{1}{a})^2 + 2$

請參考以下範例：

(1) 要展開 $(x + y + z)(x + y - z)$ 時，以 $x + y = A$ 為例，

$(x + y + z)(x + y - z)$

$= (A + z)(A - z) = A^2 - z^2$

$= (x + y)^2 - z^2 = x^2 + 2xy + y^2 - z^2$

(2) $101^2 = (100+1)^2 = 100^2 + 2 \times 100 \times 1 + 1^2$
$\qquad\qquad = 10000 + 200 + 1 = 10201$

(3) $101 \times 99 = (100+1)(100-1) = 100^2 - 1$
$\qquad\qquad\qquad = 10000 - 1 = 9999$

(4) 當 $a+b=6$、$ab=4$ 時，$a^2+b^2=(a+b)^2-2ab=6^2-2\times4=36-8=28$

(5) 當 $a-b=5$、$ab=4$ 時，$(a+b)^2=(a-b)^2+4ab=5^2+4\times4=25+16=41$

## 實戰練習 6-5

請展開下列各式。

(1) $(x-3y+2)(x+3y+2)$

(2) $(x+2)(x+3)(x-3)(x-4)$

## 實戰練習 6-6

請利用乘法公式求出 $4.03 \times 3.97$。

## 實戰練習 6-7

請求出下列各式的值。

(1) 當 $x+y=2\sqrt{3}$，$xy=-9$ 時，$x^2+y^2$ 的值為何？

(2) 當 $x+\dfrac{1}{x}=4$ 時，$x^2+\dfrac{1}{x^2}$ 的值為何？

(3) 當 $x^2+5x+1=0$ 時，$x^2+\dfrac{1}{x^2}$ 的值為何？

# 04 等式的變形

　　某一算式的符號，代入其他算式後，該算式會以其他符號的方式表示，而等式的變形指的是多個符號形成的等式會以（一符號）＝（其他符號的算式）表示。

　　舉例來說，當 $3x + y = 2$ 時，對於 $y$ 而言，解開後 $y = -3x + 2$；對於 $x$ 而言，解開後 $x = -\dfrac{1}{3}y + \dfrac{2}{3}$。

## 實戰練習 6-8

解出下列等式中，〔〕符號的答案。

(1) $xy - 4x + 3 = 0$　　〔x〕

(2) $3x - 4y + 1 = -4x + 5y + 2$　　〔y〕

(3) $a = b(1 - pq)$　　〔p〕

## 實戰練習 6-9

當 $(x - y) : (x + 3y) = 2 : 3$ 時，求出 $\dfrac{2x - 3y}{x - 6y}$ 的值。

# 7 因式分解

## 01 因式分解

因式是指當一個多項式是兩個以上的單項式、或多項式相乘時，相乘的算式就是最初的因式。因式分解表示一個多項式有兩個以上因式相乘。利用共同因式進行因式分解：共同因式是多項式所有項目中的因式，是共同因式時，可利用分配律找出。例如，$ma + mb - mc = m(a + b - c)$。

### 實戰演練 7-1

請將下列算式因式分解。

(1) $x^2y + 3x^2$

(2) $(a + 1)(a - 1) + 3(a + 1)$

(3) $a(b - c) - d(c - b)$

## 02 因式分解公式

因式分解的公式有四種：

(1) $a^2 \pm 2ab + b^2 = (a \pm b)^2$

(2) $a^2 - b^2 = (a + b)(a - b)$

(3) $x^2 + (a + b)x + ab = (x + a)(x + b)$

(4) $acx^2 + (ad + bc)x + bd = (ax + b)(cx + d)$

若 $x^2 + ax + b$ 要滿足完全平方公式的條件，則 $b = (\frac{a}{2})^2$ ；

若 $x^2 + ax + b(b>0)$ 要滿足完全平方公式的條件，則 $a = \pm 2\sqrt{b}$ 。

舉例而言，多項式 $x^2 + 5x + 6$ 中，和為 5、乘積為 6 的兩個整數是 2 與 3，所以 $x^2 + (2+3)x + 2 \times 3 = (x+2)(x+3)$ 。另外，$x^2$ 的係數不是 1 的二次式的因式分解如下所示：

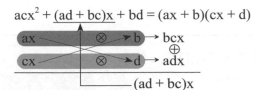

$$acx^2 + (ad + bc)x + bd = (ax + b)(cx + d)$$

### 實戰演練 7-2

請將下列算式因式分解。

(1) $a^2 + 20a + 100$

(2) $9x^2 - 24xy + 16y^2$

(3) $a^2 - 81b^2$

(4) $36 - 16x^2$

(5) $x^2 - 2x - 63$

(6) $2x^2 - 11x + 12$

---

**實戰演練 7-3**

當下列算式化為完全平方公式時，求出正數 A 的值。

⑴ $x^2 - 16x + A$

⑵ $4x^2 + Ax + \dfrac{1}{25}$

---

**實戰演練 7-4**

當 $4x^2 - ax + 3$ 有 $x - 1$ 的因式時，求出常數 a 的值。

---

## 03 複雜的因式分解

　　有共同因式時，將其放一起，共同分部分以同一符號置換。有多個項數時，將適當的項放一起，並找出共同部分，沒有共同部分時，將適當的項放一起，可以導出 $a^2 - b^2 = (a + b)(a - b)$。有多個符號時，採用降序排列的方式整理，且要記得從次數高的項目羅列到次數低的項目。

　　請參考以下範例：

① $(a + b)c^2 - (a + b)d^2 = (a + b)(c^2 - d^2)$
$$= (a + b)(c + d)(c - d)$$

② 在 $(x + y)(x + y - 1) - 6$ 中，以 $x + y = A$ 置換，所以該公式為
$$A(A - 1) - 6 = A^2 - A - 6$$
$$= (A - 3)(A + 2)$$
$$= (x + y - 3)(x + y + 2)$$

③ $xy + x + y + 1 = x(y + 1) + (y + 1) = (x + 1)(y + 1)$

④ $x^2 - 4y^2 + 4y - 1 = x^2 - (4y^2 - 4y + 1)$
$$= x^2 - (2y - 1)^2$$
$$= (x + 2y - 1)(x - 2y + 1)$$

⑤ $x^2 - xy - x + 3y - 6$
$$= (3 - x)y + x^2 - x - 6$$
$$= -(x - 3)y + (x - 3)(x + 2)$$
$$= (x - 3)(x - y + 2)$$

**實戰演練 7-5**

請將下列算式因式分解。

(1) $x^3 - x^2 - 4(x - 1)$

(2) $(2x - 1)^2 - 5(2x - 1) + 6$

(3) $x(x + 1)(x + 2)(x + 3) + 1$

(4) $x^2 y - y - 2 + 2x^2$

(5) $x^2 - 2xy + y^2 - 4$

(6) $x^2 - y^2 - x + 9y - 20$

# 04 活用因式分解公式

數的計算：利用因式分解公式改變數的樣貌後計算。

式值：將算式因式分解後，代入數或算式後計算。請參考下頁範例：

(1) $102^2 - 4 \times 102 + 4 = 102^2 - 2 \times 102 \times 2 + 2^2$
$$= (102 - 2)^2 = 10000$$

(2) $55^2 - 45^2 = (55 + 45)(55 - 45) = 100 \times 10 = 1000$

(3) 當 $x = \sqrt{3} + \sqrt{2}$，$y = \sqrt{3} - \sqrt{2}$ 時，
$$x^2 - y^2 = (x + y)(x - y)$$
$$= (\sqrt{3} + \sqrt{2} + \sqrt{3} - \sqrt{2})(\sqrt{3} + \sqrt{2} - \sqrt{3} + \sqrt{2})$$
$$= 2\sqrt{3} \times 2\sqrt{2} = 4\sqrt{6}$$

### 實戰演練 7-6

利用因式分解公式計算下列各式。

(1) $7.5^2 \times 11.5 - 2.5^2 \times 11.5$

(2) $1^2 - 3^2 + 5^2 - 7^2 + 9^2 - 11^2 + 13^2 - 15^2 + 17^2 - 19^2$

### 實戰演練 7-7

當 $a - b = -3$ 且 $a(a - 2) - b(b - 2) = 12$ 時，求出常數 $a + b$ 的值。

# 第5～7天　單元總整理題型

**指數律**

1. 當 $(a^x b^3)^4 = a^8 b^y$ 時，求出 $x + y$ 的值。

2. 當 $2 \times 3 \times 4 \times 5 \times 6 \times 7 \times 8 \times 9 \times 10 = 2^x \times 3^y \times 5^z \times 7^u$ 時，請求出 $x + y + z + u$ 的值。

**邏輯題**

3. 算出 $\dfrac{3^4 + 3^4 + 3^4}{4^4 + 4^4 + 4^4 + 4^4} \times \dfrac{2^{10} + 2^{10} + 2^{10} + 2^{10}}{9^2 + 9^2 + 9^2}$ 的答案。

**單項式的乘除**

4. 當 $9x^3 y^5 \div \square \times 2x^2 y = -3x^2 y^3$ 時，求出空格內的正確數字。

**多項式的乘除**

5. 在 $2x + y - 3$ 的多項式中拿掉 A，在 $-4x + 2y + 1$ 且 $7x - 10y + 6$ 的多項式中加上 B。當 $3x + y - 8$ 時，算出 $2A - B$ 的值。

6. 當 $5a - [\ \square\ - (a - 7b)] = 6a - 10b$ 時，求出符合該空格內的數字。

**單項式與多項式的乘除**

7. 在計算 $(\dfrac{9}{4}x^2 + 9x) \div \dfrac{9}{8}x - [x(3xy - x^2 y) + 2x^3 y] \div xy$ 時，假設 $x^2$ 的係數 a、x 的係數 b，請求出 $a + b$ 的值。

### 單項式與多項式的乘法

8. 在 $(3x + y)(x - 2y + 4)$ 的展開式中，$x^2$ 的係數是 a、xy 的係數是 b 時，求出 a − b 的值。

9. 在 $(3x + Ay - 3)(2x - y + B)$ 的展開式中，xy 的係數是 −7 且 y 的係數是 −9 時，求出常數項的值（A 與 B 是常數）。

### 乘法公式

10. 展開下列各式。

(1) $(b - a)(-b + a) - (a + b)^2$

(2) $(2x - 1)(3x + 4) - 3(x - 1)(x - 2) - (x - 3)^2$

11. 當 $(5x + 3)(2x + B) = 10x^2 + Ax - 12$ 時，求出常數 A − B 的值。

12. 當 $x^2 + 5x + 2 = 0$ 時，求出 $(x + 1)(x + 2)(x + 3)(x + 4)$ 的值。

### 乘法公式

13. 當 $(2 + 1)(2^2 + 1)(2^4 + 1)(2^8 + 1) = 2^a - 1$ 時，求出常數 a 的值。

### 乘法公式的變形

14. 當 $a + b = 6$，$a^2 + b^2 = 30$ 時，求出 $\dfrac{a}{b} + \dfrac{b}{a}$ 的值。

15. 當 $x^2 + 6x - 1 = 0$ 時，求出 $x^2 - 5 + \dfrac{1}{x^2}$ 的值。

## 等式的變形

16.若右圖正方形的直線 $l$ 旋轉一次獲得立體圖形的表面積為
　 S 時，若 h 是 S，請寫出 r 的算式。

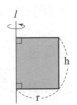

## 邏輯題

17.求出下列各式問題的答案。

　(1) 當 $\dfrac{3}{x} + \dfrac{2}{y} = 4$ 時，$\dfrac{9x - 4xy + 10y}{x + y}$ 的值 $(x + y \neq 0)$。

　(2) 當 $\dfrac{x - 2y}{4} + \dfrac{3}{2}x = x + y$ 時，$\dfrac{2x + y}{3x - y}$ 的值 $(x \neq 0，y \neq 0)$。

　(3) 當 $abc = 1$ 時，$\dfrac{a}{ab + a + 1} + \dfrac{b}{bc + b + 1} + \dfrac{c}{ca + c + 1}$ 的值。

18.原價 x 元的產品加上 20% 為定價。賣剩的產品以定價九折的 y 元銷售
　 時，x 和 y 的算式為何。

## 因式分解公式

19.當 $0 < 4x < 1$ 時，化簡 $\sqrt{x^2 + \dfrac{1}{2}x + \dfrac{1}{16}} - \sqrt{x^2 - \dfrac{1}{2}x + \dfrac{1}{16}}$ 。

## 複雜的因式分解

20.因式分解 $x^4 - 20x^2 + 64$ 時，求出一次式因式的總和。

21.求出 $x(x - 2)(x - 4)(x - 6) + a$ 能成為完全平方式的常數 a 的值。

22.請將 $x^2 + 3y^2 - 4xy - 6x + 2y - 16$ 因式分解。

## 活用因式分解公式

23.請算出 $214^2 - 2 \times 214 \times 89 + 89^2 - 181^2 - 2 \times 181 \times 94 - 94^2$ 的答案。

## 邏輯題

24.請計算 $\dfrac{86^2 - 2 \times 86 \times 77 + 77^2}{15^2} + \dfrac{15^2 + 2 \times 15 \times 13 + 13^2}{35^2}$。

25.當 $xy = 5$，$x^2y + xy^2 + 2x + 2y = 42$ 時，求出 $x^2 + y^2$ 的值。

26.求出下列問題的答案。

⑴ 當 $a + b = 2\sqrt{3} + 2$，$a - b = \sqrt{6} - 2$ 時，$(2a - b)^2 - (a - 2b)^2$ 的值。

⑵ 當 $x = 1 + \sqrt{3}$ 時，$x^3 - x^2 - 4x + 4$ 的值。

27.當 $x - y = -2xy$ 時，求出 $\dfrac{-3x^2y^2 + x^2y - xy^2}{x^2 - 2xy + y^2}$ 的值 $(x \neq y)$。

28.當 $x = \dfrac{\sqrt{3} - 1}{\sqrt{3} + 1}$，$y = \dfrac{\sqrt{3} + 1}{\sqrt{3} - 1}$ 時，$\dfrac{x^2 - y^2 + x^2y + xy^2}{x + y} = a + b\sqrt{3}$，求出有理數 $a + b$ 的值。

## 解題之鑰

2. $m$、$n$ 是自然數，$a^m \times b^n = a^{m+n}$。

3. $\underbrace{a^m + a^m + a^m + \cdots + a^m}_{a\ 個} = a \times a^m = a^{m+1}$。

5.～7. 解括號內算式時，須注意括號前的符號。

8.～9. 在多項式的展開式中，求出係數時，只求出必要的同類項會較為方便。

12.（　）（　）（　）（　）的展開式，兩兩配對展開，讓一次式常數項的總和相同，置換共同部分。

14. $a^2 + b^2 = (a + b)^2 - 2ab$。

15. 在 $x^2 + ax \pm 1 = 0(a \neq 0)$ 中，兩邊同時除以 $x$ 時，求出 $x \pm \dfrac{1}{x}$ 的值。

17. 先看 abc，將兩個符號整理成一個符號後，代入算式。

19. 因式分解時，要注意根號內的符號，並消去根號。

21. 兩兩一組以產生共同部分後，再進行置換。

23. ～ 24. 計算複雜數時，先將算式因式分解後，再計算會較為順利。

25. ～ 28. 先將算式因式分解，代入或變更符號的值後，再代入原算式。

# 第 3 章

## 代數 2

# 8　一次方程式

## 01 方程式與恆等式

　　等式：使用等號（＝）使兩端的數字或算式相同。方程式指的是含有未知數的等式，即含有一個以上的未知數並結合等號的數學公式。

　　方程式的解（根式解）：即由方程式的係數透過有限次的四則運算及根號組合而成的公式解。

　　恆等式是指等式中無論其變數如何取值，等號兩邊永遠相等。

　　舉例來說，若將 4 代入方程式 $2x - 3 = 5$ 時，可讓公式成立，因此真正的公式解為 $x = 4$。另外，有一方程式 $x + x = 2x$，x 代入任意值經常成立時，即為恆等式。

### 實戰演練 8-1

請選出下列〔〕中的數字可為該方程式的解。

① $2x = 2$ [0]

② $3x + 1 = -2$ [-1]

③ $-x + 7 = 6$ [-1]

④ $-2x + 4 = 0$ [-2]

⑤ $3(x + 2) = 10$ [1]

### 實戰演練 8-2

下列何者為恆等式。

① $x - 6 = 6$

② $2x + 1 = 3x + 4$

③ $3x - 6 = -x$

④ $3x - 2 = 4x$

⑤ $5(x - 2) = 5x - 10$

## 02 等量公理

在等號兩邊同時加減乘除以一個數（除數不可為 0），兩邊仍會維持相等，稱為等量公理。

例如，若 $a = b$，則 $a + c = b + c$

若 $a = b$，則 $a - c = b - c$

若 $a = b$，則 $ac = bc$

若 $a = b$、$c \neq 0$，則 $\dfrac{a}{c} = \dfrac{b}{c}$

### 實戰演練 8-3

下列描述何者為非。

① 若 $a = b$，則 $a + 1 = b + 1$。

② 若 $a = b$，則 $2 - a = 2 - b$。

③ 若 $3a - 1 = 3b - 1$，則 $a = b$。

④ 若 $ab = bc$，則 $a = b$。

⑤ 若 $\dfrac{a}{2} = \dfrac{b}{3}$，則 $3a = 2b$。

## 03 移項法則與一元一次方程式

移項法則：根據等量公理原則，等式兩邊可以同時做四則運算，則我們可以發現移項法則，也就是說，等式中一個數或未知數從等式一邊移到另一邊時，則要變號。

含有未知數的等式稱為方程式，一個方程式經過化簡後，將方程式右邊的所有項移項至左邊時，會以（x 的一次式）＝ 0 呈現，稱為一元一次方程式。

舉例而言，

$4x - 3 = 2x \rightarrow 2x - 3 = 0$（x 方程式成立）

$3x + 3 = 5 + 3x \rightarrow -2 = 0$（方程式不成立）

### 實戰演練 8-4

將下列等式標示底線的部分進行移項。

⑴ $4x \underline{- 3} = 2x$

⑵ $2x \underline{+ 1} = \underline{x} - 3$

### 實戰演練 8-5

選出下列算式中是 x 的一次方程式。

① $2(x^2 + 1) = 2x^2$

② $2x + 5 = -3 + 5x$

③ $3x - x + 1 = 2x + 1$

④ $3x + 2 = -3x^2 - 1$

⑤ $2(2x + 3) = 4x$

# 04 一次方程式的解

　　首先，將兩邊乘上適當的數後，把係數化為整數，若係數是分數，兩邊各乘上分母的最小公倍數，若係數是小數，兩邊各乘上 10 的指數。有括號時，利用分配律解開括號。再來，有未知數 x 的項放左邊、常數項移項至右邊，整理兩邊，以 $ax = b(a \neq 0)$ 呈現。最後，x 係數為 a，兩邊除以 a 求出解。請看以下範例：

$2(3x - 4) = 4x + 6$

$6x - 8 = 4x + 6$ ············解開括號

$6x - 4x = 6 + 8$ ············將 4x 移項到左邊、−8 移項至右邊

$2x = 14$ ·····················以 $ax = b$ 呈現

$\therefore x = 7$ ·····················x 的係數除以兩邊

## 實戰演練 8-6

解開下列方程式。

(1) $0.3x = 0.4(x - 3) + 1.5$

(2) $\dfrac{2x - 1}{3} = \dfrac{x - 2}{2}$

(3) $\dfrac{x - 3}{4} = \dfrac{x}{2} - 1$

**實戰演練 8-7**

當方程式 $\dfrac{2x-4}{3} = \dfrac{5x+3}{6} - 2$ 的解 $x = a$ 時,請求出一次方程式
$0.6x + 0.5 = ax - 0.3$ 的解。

# 05 有特殊解的方程式

在 $ax = b$ 有無窮多解的情況下,$a = 0$ 且 $b = 0$(即 $0 \times x = 0$)。無窮多解的等式,也就是恆等式。

在 $ax = b$ 無解的情況下,$a = 0$ 且 $b \neq 0$(即不是 $0 \times x = 0$ 的數)。舉例來說,求出讓等式 $3x = 3x + 1$ 成立的 $x$ 的值,在此公式中,因為 $x = 0$,即 $x$ 不論代入任何值,都無法讓等式成立。

**實戰演練 8-8**

當 $(a-3)x = 4$ 無解時,請求出常數 $a$ 的值。

**實戰演練 8-9**

當 $(a-2)x = a-2$ 有無窮多解時,請求出常數 $a$ 的值。

# 06 活用一次方程式

把要求出的解設定為未知數 x，爾後建立、解開 x 的一次方程式，求出解之後，須確認是否符合題意。

---

參考：活用題型中較常使用的公式

1. （距離）＝（速率）×（時間）

2. （鹽的量）＝ $\dfrac{（鹽水濃度）}{100}$ ×（鹽水量）

3. 連續的兩個整數：n，n＋1 或 n－1，n

---

## 實戰演練 8-10

如下圖的正方形所示，塗色部分的面積是 184cm$^2$ 時，求出 x 的值。

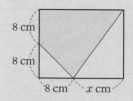

# 9 不等式

## 01 不等式與其解

使用不等號（＞、＜、≥、≤），可顯示出數與算式之間的大小關係。如果將一個數代入不等式中的未知數，而不等式仍然成立，則這個數稱為此不等式的一個解。

a＞b：唸成 a 大於 b、a 超過 b。

a＜b：唸成 a 小於 b、a 未滿 b。

a≥b：唸成 a 大於或等於 b、a 在 b 之上、a 沒有比 b 小。

a≤b：唸成 a 小於或等於 b、a 在 b 之下、a 沒有比 b 大。

### 實戰演練 9-1

當下列選項的 x＝3 時，下列何者為正確的不等式？

① x－2＞1

② 2x＋2＜6

③ x＋2＜4

④ 3x－2≤4

⑤ 5－x≥1

### 實戰演練 9-2

當 x 的值是 1、2、3、4 時，求出不等式 2x＋1＜x＋4 的解。

## 02 不等式的性質

不等式兩邊加或減同一數，也不會改變不等號的方向。例如，若 $a < b$，則 $a + c < b + c$，$a - c < b - c$。若 $a < b$ 且 $c > 0$，不等式兩邊乘或除同一數，也不會改變不等號的方向，則 $ac < bc$，$\dfrac{a}{c} < \dfrac{b}{c}$。

但是，如果 $a < b$ 且 $c < 0$，不等式兩邊乘或除以同一負數，不等號方向會改變，則 $ac > bc$，$\dfrac{a}{c} > \dfrac{b}{c}$。要注意的是，當不等式兩邊乘或除上負數時，不等式的方向會改變。

### 實戰演練 9-3

當 $a < b$ 時，在空格內填上適當的不等號。

(1) $a + 7 \ \square \ b + 7$

(2) $a - 5 \ \square \ b - 5$

(3) $-a + 4 \ \square \ -b + 4$

(4) $\dfrac{a}{3} \ \square \ \dfrac{b}{3}$

### 實戰演練 9-4

當 $a \geq b$ 時，下列何者正確？

① $3a \leq 3b$

② $2a + 1 \leq 2b + 1$

③ $4a - 3 \geq 4b - 3$

④ $\dfrac{a}{2} \leq \dfrac{b}{2}$

⑤ $\dfrac{2}{3}a + 2 \leq \dfrac{2}{3}b + 2$

# 03 一次不等式

　　不等式右邊移項到左邊整理時，會呈現不等式 > 0、不等式 < 0、不等式 ≥ 0、不等式 ≤ 0。

　　一次不等式解題的步驟如下，第一，將包含未知數 x 在內的項往左邊、常數項往右邊移項。第二，歸類同類項，以 $ax > b$，$ax < b$，$ax \geq b$，$ax \leq b (a \neq 0)$ 呈現。第三，兩邊除以 x 的係數 a，此時 a 若是負數，則不等號的方向會改變。參見以下範例：

$$-4x + 7 < -x + 19 \underline{\qquad}① \rightarrow -4x + x < 19 - 7$$
$$\underline{\qquad}② \rightarrow -3x < 12$$
$$\underline{\qquad}③ \rightarrow x > -4$$

---

**實戰演練 9-5**

下列何者不是一次不等式？

① $2x + 3 < 5$

② $3x - 5 < x + 7$

③ $-x + 4 > x - 2x + 1$

④ $4 \leq \dfrac{x}{3} + 2$

⑤ $2x^2 + x - 4 \geq 2x^2 + 3$

---

**實戰演練 9-6**

解出下列一次不等式。

(1) $9x + 6 \leq 4x - 4$

(2) $-3x + 2 > x - 10$

---

## 04 各種一次不等式

有括號的不等式：利用分配律可輕鬆解開括號並整理算式。

係數是小數的不等式：兩邊乘上 10 的倍數，將係數化為整數後解題。

係數是分數的不等式：兩邊乘上分母的最小公倍數，將係數化為整數後解題。

### 實戰演練 9-7

解出下列一次不等式。

(1) $2(x + 3) > 3(-x + 12)$

(2) $0.8x - 0.7 \leq 0.4x + 1.3$

(3) $\dfrac{x + 2}{3} - \dfrac{3x - 1}{2} \leq 1 - x$

## 05 活用一次不等式

把要求出的解設定為未知數 x，爾後建立、解開 x 的一次方程式，求出解之後，須確認是否符合題意。

要注意人數、物品數量、回數、次序等的 x 值是自然數，長度、距離、重量、面積等的 x 值是正數。

### 實戰演練 9-8

家裡附近有間文具店，一本筆記本賣 1000 韓元、大型特價超市一本賣 750 韓元，往返一次大型特價超市的交通費 1400 韓元。請問買幾本以上時，在大型特價超市買最划算？

# 10 聯立方程式

## 01 有兩個未知數的二元一次方程式

二元一次方程式是指有兩個未知數（x 和 y），並且所含的項的次數都是 1。每個方程式可化簡為 $ax + by + c = 0$（a、b、c 是常數，$a \neq 0$，$b \neq 0$）的形式。

### 實戰演練 10-1

選出有 2 個未知數的一次方程式。

(a) $x + 3y = 4$

(b) $xy - 6 = 0$

(c) $\dfrac{1}{x} + \dfrac{2}{y} = 1$

(d) $x + y^2 - 1 = 5$

### 實戰演練 10-2

當 x，y 為自然數時，求出二元一次方程式 $x + y = 6$ 的解。

## 02 聯立方程式解題 1

二元一次聯立方程式，就是將兩個二元一次方程式並列，來表達題目裡面的數量關係；如果能夠同時讓兩個二元一次方程式成立的話，就是這兩個方程式的一組共同解。

二元一次聯立方程式有兩種解法：第一，代入消去法。第二，加減消去法。代入消去法是把一個方程式代入另一個方程式，消除一個未知數後，求出解的方法，而加減消去法則是將兩個方程式的同一邊加或減後，消去一個未知數來求出解。不論使用哪個方法，求出的解都相同。

### 實戰演練 10-3

當 x、y 是自然數時，求出聯立方程式 $\begin{cases} 3x - y = 5 \\ 5x + 3y = 13 \end{cases}$ 的解。

### 實戰演練 10-4

當聯立方程式 $\begin{cases} x + 2y = 10 \\ 3x - y = a \end{cases}$ 的解 x 值是 2 時，求出常數 a 的值。

### 實戰演練 10-5

滿足聯立方程式 $\begin{cases} ax - 3y = -2 \\ 4x - y = 1 \end{cases}$ 的 x 與 y 值比是 1：3 時，請求出常數 a 的值。

# 03 聯立方程式解題 2

如何解開複雜的聯立方程式，首先，有括號時須先解開，再來，係數是小數或分數時，要將係數化為整數後，再解題。

有關方程式 $A = B = C$ 的解題如下所示，可擇一解答：

① $\begin{cases} A = B \\ A = C \end{cases}$  ② $\begin{cases} A = B \\ B = C \end{cases}$  ③ $\begin{cases} A = C \\ B = C \end{cases}$

**實戰演練 10-6**

當聯立方程式 $\begin{cases} 0.3x - 0.4y = 0.1 \\ \dfrac{1}{3}x + \dfrac{1}{2}y = 2 \end{cases}$ 的解是 $x = a$，$y = b$ 時，求出常數 $a - b$ 的值。

# 04 有特殊解的聯立方程式

在兩個一次方程式中，若 $x$，$y$ 的係數相同，且兩個算式也一致，就會有無窮多解。反之，若 $x$，$y$ 的係數相同，但常數項不同時，就會無解。

例如：聯立方程式 $\begin{cases} ax + by = c \\ a'x + b'y = c' \end{cases}$，若 $\dfrac{a}{a'} = \dfrac{b}{b'} = \dfrac{c}{c'}$，有無窮多解；若 $\dfrac{a}{a'} = \dfrac{b}{b'} \neq \dfrac{c}{c'}$，則無解。

**實戰演練 10-7**

當聯立方程式 $\begin{cases} (2a-4)x - 2y = 3b - 4 \\ (4b-4)x - 4y = 5a + 4 \end{cases}$ 有無窮多解時，請求出常數 $a + b$ 的值。

當聯立方程式 $\begin{cases} (5a + 2)x + 20y = b \\ 3x + 5y = 1 \end{cases}$ 無解時，請求出常數 a 的值與 b 的條件。

# 05 活用聯立方程式

　　某農場養有鴨子與兔子共 45 隻，共有 120 隻腳時，問鴨子跟兔子分別有幾隻？先假設鴨子與兔子分別是 x 隻與 y 隻，而兩者共有 120 隻腳，所以列出聯立方程式為 $\begin{cases} x + y = 45 \\ 2x + 4y = 120 \end{cases}$，解出 x = 30，y = 15，得出鴨子有 30 隻、兔子有 15 隻。

和為 789 的兩個整數，大數除以小數的商是 6，餘數是 12，求出兩個整數為何。

兒子工作兩天後，剩餘工作與父親一起做，四天可以完成。當父親工作三天後，剩餘工作與兒子一起做，三天可以完成。若這個工作由父親獨立完成，需要花幾天的時間？

# 二次方程式1

## 01 二次方程式與其解

將方程式右邊的所有項移項至左邊時，會以（x 的二次式）＝ 0 呈現，這就是 x 的二次方程式。二次方程式的公式為 $ax^2 + bx + c = 0$（a、b、c 是常數，a 不等於 0）。

### 實戰演練 11-1

下列何者為 x 的二次方程式。

① $3x^2 - 4 = 3x(x - 2)$

② $x(x - 1) = 2x^2$

③ $(x + 1)(x - 1) = x^2 - 2x$

④ $x^3 + x = x^2 - 4$

⑤ $2x^3 + x = x(2x^2 - 3)$

## 02 二次方程式的解題 1

使用因式分解來解二次方程式的重要關鍵是：若方程式 $A \times B = 0$，則 A＝0 或 B＝0。

將所有項往左移並因式分解：

當 $a(x - p)(x - q) = 0$ 時，x＝p 或 x＝q；

當 $(px + q)(rx + s) = 0$ 時，$x = -\dfrac{q}{p}$ 或 $x = -\dfrac{s}{r}$。

　　當二次方程式以（完全平方根）＝0 呈現時，就稱為重根，即有兩個相同的根。擁有重根的二次方程式，因左邊是完全平方式，所以可以進行因式分解。即 $ax^2 + bx + c = a(x-k)^2 = 0$，$x = k$（重根）。

### 實戰演練 11-2

解開下列二次方程式。

⑴ $x^2 - 8 = 2x$

⑵ $2x^2 - 5x - 3 = 0$

### 實戰演練 11-3

當二次方程式 $2x^2 + ax - 6 = 0$ 的一根 $x = -1$ 時，請求出常數 a 與其他根的值。

### 實戰演練 11-4

當二次方程式 $x^2 - 2px + p + 6 = 0$ 有重根時，請求出常數 p 所有可能的值。

# 03 二次方程式的解題 **2**

如何利用平方根解題，若要求出 $x^2 = a$ 的解，當 $a > 0$ 時，$x = \pm\sqrt{a}$ ；當 $a = 0$ 時，$x = 0$（重根）；當 $a < 0$ 時，無解。

沒有常數項：$ax^2 = b(a \neq 0，ab \geq 0)$，$x^2 = \dfrac{b}{a}$　$\therefore x = \pm\sqrt{\dfrac{b}{a}}$。

完整式：$a(x + b)^2 = c(a \neq 0，ac \geq 0)$，$(x + b)^2 = \dfrac{c}{a}$　$\therefore x = -b \pm \sqrt{\dfrac{c}{a}}$。

完整式（完全平方根）：$(x + a)^2 = b(b \geq 0)$，$x + a = \pm\sqrt{b}$
$\therefore x = -a \pm \sqrt{b}$

以下為一元二次方程式公式解的過程：

$ax^2 + bx + c = 0$

$x^2 + \dfrac{b}{a}x + \dfrac{c}{a} = 0$（兩邊同除 $a$）

$x^2 + \dfrac{b}{a}x = -\dfrac{c}{a}$（移常數項）

$x^2 + \dfrac{b}{a}x + (\dfrac{b}{2a})^2 = -\dfrac{c}{a} + (\dfrac{b}{2a})^2$（兩邊同時加「一次項係數一半的平方」）

$(x + \dfrac{b}{2a})^2 = -\dfrac{c}{a} + (\dfrac{b}{2a})^2$（等號左邊配方）

$(x + \dfrac{b}{2a})^2 = \dfrac{b^2 - 4ac}{4a^2}$（等號右邊通分）

$x = \dfrac{-b \pm \sqrt{b^2 - 4ac}}{2a}$（$b^2 - 4ac \geq 0$）

## 實戰演練 11-5

當二次方程式$(x-p)^2 = 16$的解是 $x = 6$ 或 $x = q$ 時，求出 $p+q$ 的值（p 是常數、$q < 6$）。

## 實戰演練 11-6

二次方程式 $x^2 - 10x + 15 = 0$，以$(x-a)^2 = b$的方式呈現時，求出常數 $a+b$ 的值。

## 實戰演練 11-7

下列為二次方程式 $x^2 + 4x + 1 = 0$ 求解的過程，試問 $a+b+c$ 的解。

$x^2 + 4x = -1$

$x^2 + 4x + a = -1 + a$

$(x+b)^2 = c$

$\therefore x = -b \pm \sqrt{c}$

## 實戰演練 11-8

二次方程式 $x^2 - 6x + k = 0$ 利用完全平方式解出答案為 $x = 3 \pm \sqrt{5}$，求出這時常數 k 的值。

# 12 二次方程式2

## 01 方程式的公式解

二次方程式 $ax^2 + bx + c = 0$ 的解，$x = \dfrac{-b \pm \sqrt{b^2 - 4ac}}{2a}$ $(b^2 - 4ac \geq 0)$。

### 實戰演練 12-1

用公式解求出下列方程式。

(1) $2x^2 - 5x + 1 = 0$

(2) $5x^2 - 2x - 1 = 0$

### 實戰演練 12-2

當方程式 $x^2 - 2x - 1 = 0$ 的解為 $x = a \pm \sqrt{b}$ 時，求出常數 $a + b$ 的值。

## 02 二次方程式根的個數

二次方程式 $ax^2 + bx + c = 0$ 根的個數是根據判別式的不等號而定。若 $D = b^2 - 4ac > 0$，則有不同的兩根；若 $D = b^2 - 4ac = 0$，則為重根；若 $D = b^2 - 4ac < 0$，則無實數解。值得注意的是，根號內的數不會有負數的實數，因此，如果 $D < 0$ 就不會有實根。

**實戰演練 12-3**

下列二次方程式中，不具有不同的兩根的選項有？

① $5x^2 - 5 = 0$

② $3 - x^2 = 6(x + 2)$

③ $(x + 1)(x - 1) = 2x - 1$

④ $(x + 8)(x - 2) = 0$

⑤ $x^2 - 10x - 100 = 0$

# 03 二次方程式的根與係數的關係

當二次方程式 $ax^2 + bx + c = 0$ 的兩根分別為 $\alpha$，$\beta$ 時，兩根之和為 $\alpha + \beta = -\dfrac{b}{a}$；兩根之積為 $\alpha\beta = \dfrac{c}{a}$。有關兩根之和、兩根之積的證明如下：

由於 $x = \dfrac{-b + \sqrt{b^2 - 4ac}}{2a}$，$x = \dfrac{-b - \sqrt{b^2 - 4ac}}{2a}$，

若 $\alpha = \dfrac{-b + \sqrt{b^2 - 4ac}}{2a}$，$\beta = \dfrac{-b - \sqrt{b^2 - 4ac}}{2a}$ 時，

$\alpha + \beta = \dfrac{-b + \sqrt{b^2 - 4ac}}{2a} + \dfrac{-b - \sqrt{b^2 - 4ac}}{2a} = -\dfrac{b}{a}$

$\alpha\beta = (\dfrac{-b + \sqrt{b^2 - 4ac}}{2a}) \times (\dfrac{-b - \sqrt{b^2 - 4ac}}{2a}) = \dfrac{c}{a}$

**實戰演練 12-4**

當方程式 $x^2 - 4x + 1 = 0$ 的兩根分別為 $\alpha$、$\beta$ 時，求出 $(\alpha + \beta)^2 + (\alpha - \beta)^2$ 的解。

**實戰演練 12-5**

當方程式 $2x^2 + px + q = 0$ 的兩根分別是 $x = -2$、$\dfrac{3}{2}$ 時，求出常數 $p + q$ 的值。

# 04 求出二次方程式

　　兩根 $\alpha$，$\beta$ 且 $x^2$ 的係數 a 的二次方程式寫做 $a(x - \alpha)(x - \beta) = 0$，即 $a[x^2 - (\alpha + \beta)x + \alpha\beta] = 0$。重根 $\alpha$ 且 $x^2$ 的係數 a 的二次方程式寫做 $a(x - \alpha)^2 = 0$。兩根之和 p、兩根之積 q，$x^2$ 的係數 a 的二次方程式寫做 $a(x^2 - px + q) = 0$。係數為有理數的二次方程式的一根是 $p + q\sqrt{m}$ 時，另一根為 $p - q\sqrt{m}$（p、q 為有理數，$\sqrt{m}$ 為無理數）。

**實戰演練 12-6**

當二次方程式 $8x^2 + ax + b = 0$ 的兩根為 $\dfrac{1}{2}$、$-\dfrac{1}{4}$ 時，常數 a、b 的值各為多少？

**實戰演練 12-7**

當二次方程式 $x^2 - 8x + 2 = 0$ 的兩根之和與兩根之積的數分別為二次方程式 $2x^2 + ax + b = 0$ 的兩根時，求出常數 $b - a$ 的值。

# 05 活用二次方程式

把要求出的解設定為未知數 x，爾後建立、解開 x 的一次方程式，求出解之後，須確認是否符合題意。

舉例來說，當連續兩個自然數的平方和是 85 時，若要求出這兩數可以這麼做。假設連續兩數為 x、x + 1：

$x^2 + (x + 1)^2 = 85$，$2x^2 + 2x - 84 = 0$

$x^2 + x - 42 = 0$，$(x + 7)(x - 6) = 0$

$\therefore x = -7$ 或 $x = 6$

因為 x 是自然數，所以 $x = 6$，因此這兩個自然數為 6、7。

**實戰演練 12-8**

長 10 公尺、寬 5 公尺的長方形農田，若要讓長寬都相等，需要各自增加原先的三倍面積，試問須增加多少公尺？

**實戰演練 12-9**

有一個兩位數的自然數,該數的十位數字與個位數字和為 13,且相乘會比原先的兩位數字小 25。問這兩位數的自然數是多少?

# 第8～12天　單元總整理題型

## 一次方程式的解

1. 求出滿足 $(2x - 5) : (x - 2) = 3 : 2$ 的 x 的值。

2. 當兩個方程式 $\dfrac{x-1}{2} = \dfrac{x+1}{3} - 1$，$5x - 1 = 4x - a$ 的解相同時，求出常數 a 的值。

## 有特殊解的方程式

3. 當方程式 $ax + 2 = 3x - b$ 有無窮多解時，分別求出 a、b 的值。

4. 當方程式 $\dfrac{x+4}{3} - \dfrac{ax-3}{4} = x + \dfrac{7}{6}$ 無解時，求出常數 a 的值。

## 活用一次方程式

5. 杯子 A 裝有 8% 鹽水 100 公克、杯子 B 裝有 6% 鹽水 100 公克，當兩杯鹽水均勻混合後，要加入幾公克的水，才能變成 5% 的鹽水？

6. 蒼勳從家裡出發，要到 11 公里外的奶奶家，先是以時速 6 公里騎腳踏車，但中途腳踏車壞掉，只好以時速 2 公里的速度走路去奶奶家，總共花了 2 小時 50 分鐘，試問蒼勳走了多長距離？

## 邏輯題

7. 在 9 點至 10 點之間，時鐘的分針與時針會呈相反方向的時間，也就是 9 點 $\dfrac{b}{a}$ 分。求出 $a + b$ 的值（a 和 b 為互質的自然數）。

## 不等式的性質

8. 當 $-2a + 5 < -2b + 5$ 時，選出下列正確選項。

    (a) $-3a > -3b$

    (b) $\dfrac{a}{5} > \dfrac{b}{5}$

    (c) $-5a + 3 < -5b + 3$

    (d) $a < b$

9. 當 $-4 \leq x < 6$ 且 $A = -\dfrac{1}{2}x + 3$ 時，找出 A 值中最大的數。

## 一次不等式

10. 當兩個一次不等式 $7x - 4 > 3x + 28$，$5x - 2 > 2(x + 5) + 3a$ 的解相同時，求出常數 a 的值。

11. 當一次不等式 $(a + b)x + 2a - 3b > 0$ 的解 $x < -\dfrac{3}{2}$ 時，求出 $(a - 4b)x + a + 6b > 0$ 的解（a、b 為常數）。

12. 求出滿足一次不等式 $\dfrac{x+1}{3} - \dfrac{3-x}{4} < 4$ 的自然數 x 的個數。

## 活用一次不等式

13. 長比寬多 10 公分的長方形，若這個長方形的周長超過 100 公分時，請問寬必須超過幾公分以上才行？

14. 允兒上山時的時速是 2 公里、下山時的時速是 3 公里，走到山下花不到兩小時。請問允兒爬了幾公里的山路後折返？

## 聯立方程式解題 1

15.當聯立方程式 $\begin{cases} x + 4y = 20 \\ 3x - 2y = -10 \end{cases}$ 的解是一次方程式 $3x + y = a$ 的解時，求出常數 a 的值。

## 聯立方程式解題 2

16.當聯立方程式 $\begin{cases} 3(x - 2y) - 5 = 7 \\ x + 6 = 2(x - 2y) \end{cases}$ 的解為 $x = a$，$y = b$ 時，請求出常數 $a - 2b$ 的值。

## 聯立方程式解題 2

17.當方程式 $\dfrac{x + y + 6}{4} = \dfrac{y - 2}{3} = \dfrac{-x + y + 7}{5}$ 的解為 $x = a$，$y = b$ 時，求出常數 $3a + b$ 的值。

## 有特殊解的聯立方程式

18.當聯立方程式 $\begin{cases} y = ax + b \\ 6x - 3y = 12 \end{cases}$ 無解時，求出常數 a 的值與 b 的條件。

19.當聯立方程式 $\begin{cases} (-2a - 4)x - 5y = a - 7 \\ -6x + 5y = 12 \end{cases}$ 有無窮多解時，請求出 $a^2 + a + 1$ 的值。

### 活用聯立方程式

邏輯題

20. 宗宇從 A 點途經 B 點後，到達 C 點時，走了 17 公里。以時速 3 公里從 A 點走到 B 點，並以時速 4 公里從 B 點走到 C 點，總共花了 5 小時，試問從 A 點到 B 點、從 B 點到 C 點的距離相差多少公里？

21. 濃度 10% 的鹽水 x 公克與濃度 5% 的鹽水 y 公克混合，製成濃度 8% 的鹽水 1000 公克，求出這時 x − y 的值。

### 二次方程式與其解

22. 當二次方程式 $x^2 - 2x - 1 = 0$ 的一根為 a、二次方程式 $x^2 - 4x - 3 = 0$ 的一根為 b 時，求出 $a^2 - 2a + b^2 - 4b$ 的值。

### 二次方程式的解題 1

23. 求出二次方程式 $\dfrac{2x(x+1)}{3} = \dfrac{(x-3)(x+1)}{4}$ 的解。

24. 求出讓二次方程式 $x^2 - 2x + k^2 = 2x + 3k - 4$ 有重根的自然數 k 的值。

### 方程式的公式解

25. 當二次方程式 $5x^2 - 8x + a = 0$ 的解 $x = \dfrac{4 \pm \sqrt{6}}{5}$ 時，求出常數 a 的值。

### 二次方程式根的個數

26. 當二次方程式 $3x^2 - 6x + k - 2 = 0$ 無解時，求出常數 k 值的範圍。

## 二次方程式的根與係數的關係

27.當二次方程式 $x^2 - 6x + 3 = 0$ 的兩根分別為 $\alpha$、$\beta$ 時，請求出 $\dfrac{\beta}{\alpha} + \dfrac{\alpha}{\beta}$ 的值。

## 求出二次方程式

28.當二次方程式 $x^2 - 2x - 4 = 0$ 的兩根分別為 $\alpha$、$\beta$ 時，求出下列兩數的根，以及係數為 1 的二次方程式。

⑴ $\alpha^2$、$\beta^2$

⑵ $2\alpha^2 - 1$，$2\beta - 1$

## 活用二次方程式

29.如下圖所示，想在兩面成直角且長度 15 公尺的牆，以鐵網圍出面積為 50 平方公尺的雞舍，試問這個雞舍的長寬差為多少？

30.如下圖的正方形紙張，在四角剪掉 2 公分正方形，做出一沒有蓋子的箱子，體積為 72 立方公分。求出最一開始的正方形面積。

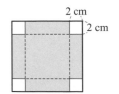

31.在建物從地面算起 30 公尺高的頂樓，以秒速 25 公尺的速度往上丟出
一顆球，球在 t 秒後的高度距離地面 $-5t^2+25t+30$ 公尺。請問這顆球
於爬升幾秒後，開始往地面落下？

### 解題之鑰

3. 方程式 $ax=b$ 的解是所有數時，$a=b=0$，也就是 $0 \times x=0$。

7. 時鐘的時針每移動一分鐘是 0.5 度、分針每移動一分鐘是 6 度。

8. 不等式兩邊同時乘上負數時，不等號的方向會改變。

11.一次不等式 $ax>b$ 的解是 $x < \dfrac{b}{a}$ 時，$a<0$。

17.聯立方程式 $A=B=C$ 公式是從 $\begin{cases} A=B \\ A=C \end{cases}$，$\begin{cases} A=B \\ B=C \end{cases}$，$\begin{cases} A=C \\ B=C \end{cases}$ 擇一解題。

22.當 $x=p$ 是 $ax^2+bx+c=0$ 的解時，將 $x=p$ 代入，即可使等式成立。

25.二次方程式 $ax^2+bx+c=0$ 的解為 $x=\dfrac{-b \pm \sqrt{b^2-4ac}}{2a}$ $(b^2-4ac \geq 0)$。

26.在二次方程式 $ax^2+bx+c=0$ 中，若 $b^2-4ac<0$ 則無解。

28.兩根是 $\alpha$、$\beta$，且 $x^2$ 的係數是 $a$ 的二次方程式是 $a(x-\alpha)(x-\beta)=0$
$\rightarrow a[x^2-(\alpha+\beta)x+\alpha\beta]=0$。

29. ～ 31. 時間、速率、距離、長度、體積、人數、年紀等都必須是正數。

# 第 **4** 章

# 座標幾何及函數

---

# 13 函數與圖形

## 01 座標平面

兩條垂直線交會於原點，一為 x 軸、一為 y 軸，通稱為座標軸。兩座標交會的點 O(0, 0)，即為原點。有序對是指訂出兩數的順序，以成對的方式出現，但要注意的是 (1, 3) 與 (3, 1) 不同。

a 是點 P 的 x 座標、b 是點 P 的 y 座標，在標平面上的點 P 寫做 (a, b)。座標平面上分成四個部分，分別稱為第一象限、第二象限、第三象限、第四象限。

值得注意的是，x 軸上的點 y 座標是 0、y 軸上的點 x 座標是 0，此時原點的記號不是數字 0，而是字母 O。

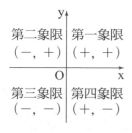
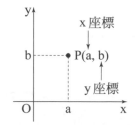

**實戰演練 13-1**

請在下表座標平面上標示下列各點。

⑴ A(2, 3)

⑵ B(−2, −4)

⑶ C(−3, 2)

⑷ D(3, −2)

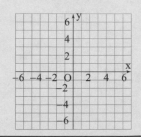

**實戰演練 13-2**

請選出下列各點的座標與座落象限的正確選項。

(a) (0, −3) →第四象限

(b) (−1, −5) →第三象限

(c) (7, 5) →第四象限

(d) (−2, 5) →第二象限

**實戰演練 13-3**

點 (ab, a − b) 在第三象限時，點 (a, b) 與原點的對稱點是在第幾象限？

# 02 二元一次方程式圖形

　　變數指的是 x，y 等各種變化值的符號。圖形是指兩個變數之間的關係，透過座標平面呈現。透過各種圖形，可以輕易得知兩樣之間的增加或減少，也能快速得知像是時間或溫度的變化。

　　舉例來說，當蘋果 x 個的價格是 y 元 → 當 x 值增加時，y 值也會定額增加；當 100 公里的距離，以時速 x 公里的速度跑 y 小時 → x 值增加時，y 值就會減少。

---

**實戰演練 13-4**

下表是當水加熱 x 分鐘後,水的溫度是 y°C 時,x 與 y 的關係圖。0°C 的水晶經過一定溫度的加熱,停頓一段時間後,又以比第一次還高的溫度加熱。請問停止的時間是多久?

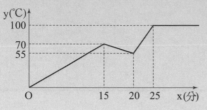

---

# 03 正比關係

　　x、y 中,x 以 2 倍、3 倍、4 倍…… 做變化,y 也跟著以 2 倍、3 倍、4 倍……改變的關係。

　　正比關係的 y = ax(a ≠ 0) 圖形是經過原點與點 (1, a) 的直線,當 a > 0 時,直線往右上走,即經過第一象限、第三象限;當 a < 0 時,直線往右下走,即經過第二象限、第四象限。

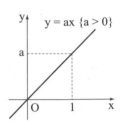

---

**實戰演練 13-5**

下列關於 y = − 3x 圖形中,何者正確。

(a) x 與 y 是正比關係。

(b) x = 5 時,y = 15。

(c) x 值增加時,y 值減少。

(d) x 以 3 倍增加時,y 值以 $\frac{1}{3}$ 倍變化。

# 04 反比關係

　　x，y 中，x 以 2 倍、3 倍、4 倍……做變化，y 也跟著以 $\frac{1}{2}$ 倍、$\frac{1}{3}$ 倍、$\frac{1}{4}$ 倍……改變的關係。

　　反比關係的 $y = \frac{a}{x}$ $(a \neq 0)$ 圖形是經過點 (1, a) 與原點對稱的一對曲線，當 $a > 0$ 時，會經過第一象限與第三象限；當 $a < 0$ 時，會經過第二象限與第四象限。

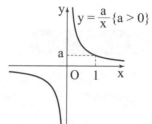

---

**實戰演練 13-6**

請選出下列 x 與 y 是反比關係的公式。

(a) $y = -5x$

(b) $xy = 10$

(c) $y = x \div 3$

(d) $y = \frac{1}{x} - 2$

---

**實戰演練 13-7**

當 x 與 y 呈現反比關係，且 $x = 12$ 時，$y = \frac{5}{3}$。當 $y = 10$ 時，求出 x 的值。

---

## 05 活用正比、反比關係

　　首先，先將變化的兩項分別設定為 x、y，再者，當 a 為不等於 0 的常數時，x 與 y 的對應關係如下：正比關係 → y = ax、反比關係 → y = $\dfrac{a}{x}$，最後根據給予的條件求出答案即可。

**實戰演練 13-8**

如下圖四邊形，從 ABCD 到位於 $\overline{BC}$ 的點 P，當 $\overline{BP}$ = x cm 且△ABP 的面積是 y 平方公分時，寫出 x 與 y 之間關係的算式。

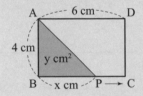

# 14 一次函數與圖形

## 01 一次函數 y=ax+b

在函數 $y = f(x)$ 中，$y = ax + b$（$a$，$b$ 為常數，且 $a \neq 0$）。同樣的，當 $y$ 在 $x$ 的一次式中出現時，就是 $x$ 的一次函數。而 $y = ax + b(b \neq 0)$ 圖形，是 $y = ax$ 圖形朝 $y$ 軸方向平行移動 $b$ 的直線。

$x$ 截距是指函數圖形與 $x$ 軸交會的點 $x$ 座標 $\rightarrow y = 0$ 時，$x$ 的值，而 $y$ 截距指的是函數圖形與 $y$ 軸交會的點 $y$ 座標 $\rightarrow x = 0$ 時，$y$ 的值。

最後，求斜率公式：（斜率）$= \left( \dfrac{y\text{的增加量}}{x\text{的增加量}} \right) = a$。

### 實戰演練 14-1

一次函數 $y = 2x - 1$ 圖形朝 $y$ 軸方向平行移動 $p$，會經過點 $(-2, 3)$ 時，求出常數 $p$ 值。

### 實戰演練 14-2

當一次函數 $y = \dfrac{2}{5}x - b$ 圖形的 $x$ 截距是 15 時，請試求出 $y$ 截距（$b$ 為常數）。

一次函數 $y = -2x + 4$ 的 $x$ 值增加 2 倍時，$y$ 值會從 $-8$ 減少至 $b$。求出這時 $b$ 的值。

## 02 一次函數圖形的性質、平行與一致

　　一次函數 $y = ax + b$ 圖形中，$a$ 的符號是圖形的樣貌、$b$ 的符號是決定與 $y$ 軸交會的部分。當 $a > 0$ 時，是向右上的直線；當 $a < 0$ 時，是向右下的直線。當 $b > 0$ 時，$y$ 截距是正數；當 $b < 0$ 時，$y$ 截距是負數。

　　斜率是相同兩個一次函數圖形平行或一致，也就是說，兩個一次函數 $y = ax + b$ 與 $y = cx + d$，當 $a = c$，$b \neq d$ 時，兩圖形平行；當 $a = c$，$b = d$ 時，兩圖形一致。

當一次函數 $y = -ax + b$ 圖形如下圖時，求出常數 $a$，$b$ 各為多少。

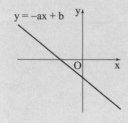

## 實戰演練 14-5

當一次函數 y = mx − 1 的圖形與下圖圖形平行時，求出常數 m 的值。

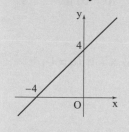

# 03 活用一次函數

　　首先，將兩變項設為 x、y，再來，將兩變數 x、y 之間的關係以 y = ax + b 呈現，並找出所需的函數值，最後，求出解後，再次確認是否符合題意。

## 實戰演練 14-6

從地面起算到高 10 公里處為止，每上升 100 公尺，氣溫就會下降 0.6°C。當地面氣溫為 15°C 時，問距離地面 1500 公尺高度時，氣溫會是幾 °C？

# 04 一次函數與一次方程式的關係

有兩個的未知數一次方程式 $ax + by + c = 0 (a \neq 0，b \neq 0)$ 圖形，與一次函數 $y = -\dfrac{a}{b}x - \dfrac{c}{b}$ 圖形相同。

當 $y = p\ (p \neq 0)$：經過點 $(0, p)$ 會與 $x$ 軸平行；當 $x = q\ (q \neq 0)$：經過點 $(q, 0)$ 則會與 $y$ 軸平行。

**實戰演練 14-7**

當一次方程式 $ax - y + b = 0$ 圖形與下圖相同時，請求出其中常數 $a$、$b$ 的值。

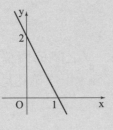

# 05 求出一次函數式

斜率是 $a$，$y$ 截距是 $b$ 的直線，以圖形表示一次函數的算式為：$y = ax + b$。

斜率為 $a$ 且經過點 $(x_1, y_1)$ 的直線，以圖形表示一次函數的算式是：$y = a(x - x_1) + y_1$。

經過兩點 $(x_1, y_1)$、$(x_2, y_2)$ 的直線，以圖形表示一次函數式為：

$$y = \frac{y_2 - y_1}{x_2 - x_1}(x - x_1) + y_1，(x_1 \neq x_2)。$$

　　x 截距是 a、y 截距是 b 的直線，以圖形表示的一次函數算式是：
$y = -\dfrac{b}{a}x + b \ (a \neq 0)$。

　　舉例來說，經過兩點 (–1, 2)、(2, –1) 的直線，以圖形表示的一次函數式是：$y = \dfrac{-1-2}{2-(-1)}(x+1) + 2$ ，所以 y = –x + 1。

---

### 實戰演練 14-8

直線 y = 2x – 4 與在 x 軸上相遇的一次方程式 2x + y + 4 = 0 圖形平行的一次函數式是？

---

### 實戰演練 14-9

當 x 截距 –2、y 截距 8 的直線經過點 (a, 2a) 時，求出常數 a 的值。

---

## 06 聯立一次方程式的解與其圖形

　　聯立一次方程式 $\begin{cases} ax + by = c \\ a'x + b'y = c' \end{cases}$ 的解是兩個一次方程式圖形的交點座標。當 $\dfrac{a'}{a} \neq \dfrac{b'}{b}$ 時，兩圖形會交會於一點，會有一對解。當 $\dfrac{a'}{a} = \dfrac{b'}{b} = \dfrac{c'}{c}$ 時，兩圖形一致，會有無窮多解。當 $\dfrac{a'}{a} = \dfrac{b'}{b} \neq \dfrac{c'}{c}$ 時，兩圖形平行，無解。

**實戰演練 14-10**

下圖為兩個一次方程式 $4x + 3y - 12 = 0$，$x - y + 2 = 0$ 圖形，試求出
交點座標 P。

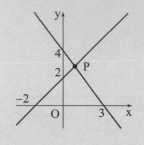

# 二次函數與圖形1

## 01 二次函數與其圖形

在函數 $y = f(x)$ 中，$y = ax^2 + bx + c$（$a$、$b$、$c$ 是常數，且 $a \neq 0$），同樣的，當 $y$ 在 $x$ 的二次式中出現時，此函數就是 $x$ 的二次函數。

二次函數 $y = -x^2$ 圖形是經過原點往下的拋物線，且與 $y$ 軸對稱。當 $x > 0$ 時，$x$ 值增加、$y$ 值減少；當 $x < 0$ 時，$x$ 值增加、$y$ 值增加。

值得注意的是，與二次函數 $y = x^2$、$y = -x^2$ 圖形相同的曲線，稱為拋物線。

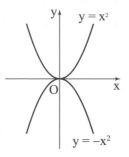

---

**實戰演練 15-1**

當二次函數 $f(x) = ax^2 - 2x + 6$ 中，$f(-3) = 3$ 時，求出常數 $a$ 的值。

---

**實戰演練 15-2**

請選出下列正確說明二次函數圖形的選項。

(a) 向下的拋物線。

(b) 與 $y$ 軸對稱。

(c) 當 $x < 0$ 時，$x$ 增加、$y$ 也會增加。

(d) $y = x^2$ 圖形與 $y$ 軸對稱。

# 02 二次函數 $y = ax^2$ 圖形

　　$y = ax^2$ 圖形是在 y 軸上與原點交會於頂點的拋物線。當 a > 0 時，是向上的拋物線；當 a < 0 時，是向下的拋物線。a 的絕對值越大，圖形的幅度越窄。$y = ax^2$ 圖形與 y 軸對稱。值得注意的是，當 a > 0 時，二次函數 $y = ax^2$ 圖形是 $y = x^2$ 的各點 y 座標的 a 倍點所連成的圖形。

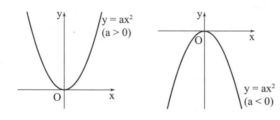

## 實戰演練 15-3

如下圖，當 $y = ax^2$ 圖形、$y = -x^2$ 圖形與 y 軸相交時，求出實數 a 值的範圍。

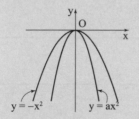

## 實戰演練 15-4

當二次函數 $y = 5x^2$ 圖形經過點 $(2, a)$、二次函數 $y = bx^2$ 圖形與 x 軸對稱時，求出常數 $a + b$ 的值。

**實戰演練 15-5**

如下圖 x 軸的平行直線 $y = 1$ 與兩個二次函數 $y = ax^2$、$y = x^2$ 的交會點分別為 P、Q、R 時，$\overline{PQ} = \overline{QR}$ 成立。求出常數 a 的值。

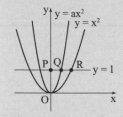

# 03 二次函數 y=ax²+q 圖形

二次函數 $y = ax^2 + q$ 圖形與二次函數 $y = ax^2$ 圖形往 y 軸平行方向移動 p 相同，頂點座標為 $(0, q)$，軸的方程式為 $x = 0$（y 軸）。另外，若 $q > 0$，則圖形往 y 軸正向移動；若 $q < 0$，則反之。就算二次函數圖形平行移動，只要 $x^2$ 的係數並未改變，模樣與幅度就不變。

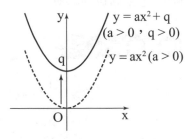

**實戰演練 15-6**

分別求出下列二次函數圖形的頂點座標與軸的方程式。

(1) $y = -4x^2 - 2$

(2) $y = \dfrac{1}{5}x^2 + \dfrac{2}{3}$

當二次函數 $y = ax^2$ 圖形往 y 軸平行移動 –5，經過點 (4, 27) 時，求出常數 a 的值。

## 04 二次函數 $y=a(x-p)^2$ 圖形

二次函數 $y = a(x-p)^2$ 圖形與二次函數 $y = ax^2$ 圖形往 x 軸方向平行移動 p 相同，頂點的座標為 (p, 0)，軸的方程式 x = p。若 p > 0，則圖形往 x 軸正向移動；若 p < 0，則圖形往 x 軸負向移動。

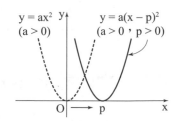

利用二次函數 $y = \dfrac{1}{2}x^2$ 圖形，畫出二次函數 $y = \dfrac{1}{2}(x+2)^2$ 圖形。

## 05 二次函數 $y=a(x-p)^2+q$ 圖形

二次函數 $y = a(x-p)^2 + q$ 圖形與二次函數 $y = ax^2$ 圖形往 x 軸方向平行移動 p、往 y 軸方向平行移動 q 相同，頂點座標為 (p, q)，軸的方程式 x = p。

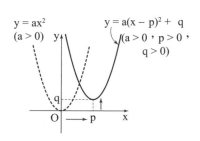

　　舉例來說，二次函數 $y = (x - 2)^2 + 3$ 圖形是 $y = x^2$ 圖形往 x 軸平行移動 2、y 軸平行移動 3，即軸的方程式 $x = 2$ 且頂點座標為 $(2, 3)$。

**實戰演練 15-9**

關於二次函數 $y = -(x + 1)^2 + 2$ 圖形的說明，下列何者正確？

① 頂點座標 $(1, 2)$。

② 軸的方程式 $x = 1$。

③ 與 y 軸交會點的 y 座標是 1。

④ 若平行移動，會與 $y = x^2$ 的圖形交疊。

⑤ 當 $x < -1$ 時，若 x 值增加、y 值就會減少。

# 16 二次函數與圖形2

## 01 二次函數 y=ax²+bx+c 圖形

二次函數 $y = ax^2 + bx + c$ 圖形可改成 $y = (a - p)^2 + q$，並畫出圖形。

$y = ax^2 + bx + c \rightarrow y = a(x + \dfrac{b}{2a})^2 - \dfrac{b^2 - 4ac}{4a}$，頂點座標為 $(-\dfrac{b}{2a}, -\dfrac{b^2 - 4ac}{4a})$，

軸的方程式為 $x = -\dfrac{b}{2a}$，與 y 軸的交點座標為 $(0, c)$。

### 實戰演練 16-1

二次函數 $y = 2x^2 - 6x + 9$ 以 $y = a(x - p)^2 + q$ 的型態呈現時，分別求出 a、p、q 的值。

### 實戰演練 16-2

依據二次函數 $y = -x^2 + 4x - 3$ 圖形，求出下列要求。
(1) 頂點座標。
(2) 軸的方程式。
(3) 與 y 軸的交點座標。

## 02 二次函數圖形與 x 軸、y 軸的交點

在二次函數 $y = ax^2 + bx + c$ 圖形中，與 x 軸的交點：$y = 0$ 時的 x 值；與 y 軸的交點：$x = 0$ 時的 y 值。值得注意的是，在二次函數的圖形中，與 y 軸的交點經常存在，但與 x 軸的交點可能不存在。

**實戰演練 16-3**

二次函數 $y = x^2 + 7x - 8$ 與 x 軸交會的兩點 x 座標分別為 p、q，與 y 軸交會點的 y 座標為 r 時，求出 $p + q - r$ 的值。

# 03 二次函數 y=ax²+bx+c 圖形的概要

在二次函數 $y = ax^2 + bx + c$ 圖形中，a 的大小會左右圖形的模樣，當 $a > 0$ 時，圖形呈向上拋，當 $a < 0$ 時，圖形呈向下拋。

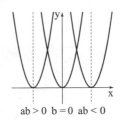

而 b 的大小會左右軸的位置，當 $ab < 0$ 時，軸在 y 軸右邊；當 $ab > 0$ 時，軸在 y 軸左邊；當 $b = 0$ 時，軸與 y 軸一致。

最後，c 的大小則會左右與 y 軸交點的位置。當 $c > 0$ 時，位於 x 軸的上方；當 $c < 0$ 時，位於 x 軸的下方；當 $c = 0$ 時，位於原點。

**實戰演練 16-4**

當二次函數 $y = ax^2 + bx + c$ 圖形如下圖時，請寫出 a、b、c 的值。

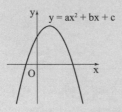

當一次函數 $y = ax + b$ 圖形如下圖時，二次函數 $y = ax^2 + bx - a + b$ 經過哪幾個象限？

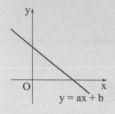

## 04 二次函數圖形的平行移動與對稱移動

二次函數 $y = ax^2 + bx + c$ 圖形的平行移動，可以用 $y = a(x - p)^2 + q$ 表示。例如，往 x 軸方向平行移動 m，寫成 $y = a[(x - m) - p]^2 + q$；往 y 軸方向平行移動 n，寫做 $y = a(x - p)^2 + q + n$；往 x 軸方向平行移動 m、y 軸方向平行移動 n，表示為 $y = a[(x - m) - p]^2 + q + n$。

二次函數 $y = ax^2 + bx + c$ 圖形的對稱移動，若往 x 軸的對稱移動：以 –y 取代 y 代入，寫做 $-y = ax^2 + bx + c$，也就是 $y = -ax^2 - bx - c$；若往 y 軸的對稱移動：以 – x 取代 x 代入，寫做 $y = a(-x)^2 + b(-x) + c$，也就是 $y = ax^2 - bx + c$。再者，如果往 x 軸方向平行移動 m，則以 x – m 取代 x 代入；如果往 y 軸方向平行移動 n，則以 y – n 取代 y 代入。

若二次函數 $y = 2x^2 - 8x + 5$ 圖形往 x 軸平行移動 m、往 y 軸平行移動 n 時，與二次函數 $y = 2x^2 + 4x + 1$ 圖形一致，求出這時 n – m 的值。

**實戰演練 16-7**

二次函數 $y = -x^2 + 6x + 3$ 圖形往 x 軸平行移動 3 後，x 軸對稱移動時，會經過點 $(4, k)$。求出這時的 k 值。

# 05 求出二次函數式

當知道頂點 $(p, q)$ 與圖形上的其他點時，假設二次函數式為 $y = a(x - p)^2 + q$，代入一點座標後，求出 a 值。

當知道與 x 軸交點 $(\alpha, 0)$、$(\beta, 0)$，與圖形上其他點時，假設二次函數式為 $y = a(x - \alpha)(x - \beta)$，代入其他點座標後，求出 a 值。

當知道圖形上互相不同的三點時，假設二次函數式為 $y = ax^2 + bx + c$，分別代入三點的座標，並求出 a、b、c 的值。

**實戰演練 16-8**

請以 $y = ax^2 + bx + c$ 的二次函數式呈現下圖的拋物線圖形。

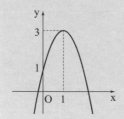

**實戰演練 16-9**

當二次函數 $y = ax^2 + 2x + c$ 圖形如下圖時，求出頂點座標。

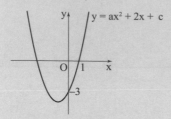

**實戰演練 16-10**

當二次函數 $y = ax^2 + bx + c$ 圖形經過三個點 $(-1, 8)$、$(1, 0)$、$(0, 3)$ 時，求出常數 a、b、c 的值。

# 第13~16天　單元總整理題型

## 座標平面

1. 當兩點 A(3a, 2a − 10)、B( − b + 4, 5b + 10) 各自在 x 軸、y 軸上時，求
   出 ab 值。

## 邏輯題

2. 求出三點 A(2, 5)、B( −4, − 1)、C(4, − 3) 形成的△ ABC 面積。

3. 當點 A(a, b) 是在第二象限的點時，求出點 P(a − b, ab) 位於第幾象限。

4. 兩點 ( − 3, a + 5)、(b − 2, 3) 與 x 軸對稱時，求出 a、b 值。

5. 點 P( − 4, 3) 與 x 軸對稱點是 Q、與原點對稱的點是 R 時，求出 PQR
   三點所形成的三角形面積。

## 二元一次方程式圖形

6. A、B 兩人相距 200 公尺，A 用跑的、B 用走的往對方的方向前進。
   當兩人同時出發 x 秒後、相距 y 公尺時，x 與 y 的關係如下圖，請回
   答下列問題。
   ⑴ A、B 同時出發，請問幾秒後會相遇？
   ⑵ 當 A 到達另一端時，B 走的總距離為何？

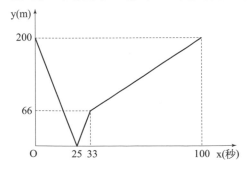

### 正比關係

7. 如下圖，正比關係 y = 3x 圖形上的點 A，以及 y = −2x 圖形上的點 B
的 x 座標為 2 時，求出△ AOB 的面積。

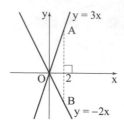

### 活用正比、反比關係
邏輯題

8. 下圖為正比關係 y = ax 與反比關係 y = $\frac{b}{x}$ 圖形，在 A、B 兩點交會，$\overline{BC}$
與 x 軸、$\overline{AC}$ 與 y 軸平行。當直角三角形 ABC 的面積是 12，且點 B
的 y 座標是 −2 時，求出常數 ab 值（b 不等於 0）。

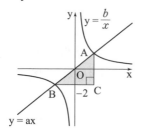

### 一次函數 y = ax + b

9. 一次函數 y = 3x + a 圖形經過兩點 (−1, 5)、(b, −1) 時，求 a − b 的值（a
是常數）。

10. 一次函數 $y = 4ax + 2b - 11$ 圖形的 x 截距是 $-2$、y 截距是 5 時，在 a、b 是常數的前提下，求出 $b - 8a$ 的值。

11. 下列一次函數 $y = ax + 4$ 圖形往 y 軸方向平行移動 n，請求出 an 的值。

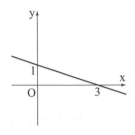

## 一次函數圖形的性質、平行與一致

12. 當一次函數 $y = ax - 2$ 圖形與一次函數 $y = 3x + 6$ 圖形平行，並經過點 (1, b) 時，求出 $a - b$ 的值（a、b 是常數）。

## 求出一次函數式

13. 在一次函數 $y = f(x)$ 中，$\dfrac{f(b) - f(a)}{b - a} = \dfrac{3}{2}$，且經過點 (2, –1) 時，求出一次函數 $y = f(x)$ 的 y 截距。

## 聯立一次方程式的解與其圖形

14. 當直線 $y = 2x$ 經過兩直線 $4x - y = a$、$x + 2y = 21 - a$ 的交點時，求出常數 a 值。

15. 三直線 $x = 8$、$y = 2x$、$y = ax$ 圍成的圖形面積是 36 時，求出所有常數 a 的和。

16. 下圖是兩條直線 $y = x$、$y = ax + b$ 交會，當 △ BOC 面積為 6 時，求出 △ AOB 的面積。

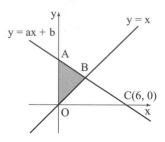

17. 兩個一次方程式 $ax + 3y = 5$、$6x - 9y = b$ 的圖形交點有無窮多解時，求出常數 $a^2 + b^2$ 的值。

## 二次函數 $y = ax^2$ 圖形

18. 下圖是四個二次函數 $y = -2x^2$、$y = -\dfrac{2}{3}x^2$、$y = 2x^2$、$y = \dfrac{1}{4}x^2$ 圖形，當 a 拋物線經過點 $(3, a)$ 時，求出 a 的值。

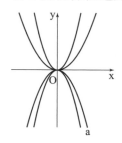

## 二次函數 $y = a(x - p)^2$ 圖形

19. 當二次函數 $y = -2(x - 1)^2$ 圖形與 x 軸對稱，且經過點 $(a, 32)$ 時，求出所有 a 值的和。

## 二次函數 $y = a(x - p)^2 + q$ 圖形

20. 二次函數 $y = -2x^2$ 圖形往頂點座標 $(1, 7)$ 平行移動時，經過點 $(k, -1)$。求出正數 k 的值。

**邏輯題**

21. 求出讓二次函數 $y = a(x - 2)^2 - \dfrac{3}{2}$ 經過四個象限的常數 a 的範圍。

## 二次函數 $y = ax^2 + bx + c$ 圖形

22. 在二次函數 $y = -3x^2 + ax - 7$ 圖形中，若 $x > -1$，x 值增加、y 值減少；若 $x < -1$，x 值增加、y 值增加，請求出常數 a 的值。

23. 求出下圖兩個二次函數 $y = -x^2$、$y = -x^2 + 4x$ 圖形與直線 $x = 2$ 所圍成的面積。

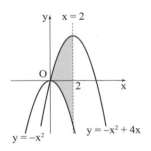

## 二次函數圖形與 x 軸、y 軸的交點

**邏輯題**

24. 右圖是二次函數 $y = -x^2 + ax + b$ 圖形。當頂點 A 與 x 軸、y 軸的交點分別為點 B、點 C 時，求出 △ABC 面積（點 B 的 x 座標是負數）。

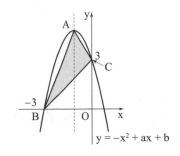

## 二次函數 $y = ax^2 + bx + c$ 圖形的概要

25.當下圖為二次函數 $y = ax^2 + bx + c$ 圖形時，請問下列選項何者錯誤？

① $a < 0$

② $c > 0$

③ $ab < 0$

④ $b^2 - 4ac < 0$

⑤ $a + b + c > 0$

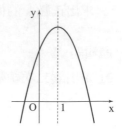

## 求出二次函數式

26.二次函數 $y = -x^2 + ax + b$ 圖形往 y 軸移動，且與 x 軸交會的兩點距離是 8，求出這時常數 $a - b$ 的值。

27.當軸的方程式 $x = 2$ 是經過點 $(4, 11)$ 的拋物線，其圖形的二次函數式是 $y = 2x^2 + ax + b$ 時，求出常數 $a + b$ 的值。

解題之鑰

4. 點 $(a, b)$ 與 x 軸的對稱點 $(a, -b)$。

6. A、B 兩人相遇的時間，是兩人距離為 0 公尺的時間點。

7. 若點 B 的 x 座標是 2，點 A 的 x 座標也是 2。

8. 點 A、B 與原點對稱，所以點 A 的 y 座標是 2。

11.一次函數 $y = ax + b$ 圖形往 y 軸方向平行移動 p，$y = ax + b + p$。

12.兩個一次函數圖形平行時，斜率相同。

13.經過兩點 $(a, b)$、$(c, d)$ 的一次函數圖形的斜率是 $\dfrac{d - b}{c - a}$。

16.點 B 在直線 $y = x$ 上，因此可假設 $B(n, n)$。

22.求出二次函數圖形的軸的方程式。

24.將二次函數 $y = ax^2 + bx + c$ 整理成 $y = a(x - p)^2 + q$。

26.二次項的係數是 $a$，且 $x$ 軸與兩點 $(m, 0)$、$(n, 0)$ 交會的二次函數式是 $y = a(x - m)(x - n)$。

27.二次函數圖形與軸對稱。

# 第5章

## 空間與形狀 1

# 17 基本幾何圖形

## 01 基礎圖形

圖形的基本要素：點、線、面。交點：線與線、線與面交會產生的點。交線：面與面交會產生的線。直線 AB 寫做：$\overleftrightarrow{AB}$，半直線 AB 寫成：$\overrightarrow{AB}$，線段 AB 表示為：$\overline{AB}$，AB 的中點寫做：$\overline{AM} = \overline{MB} = \dfrac{1}{2}\overline{AB}$。

對頂角的大小相同，如下圖所示，$\angle a = \angle c$，$\angle b = \angle d$。

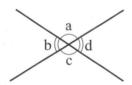

垂足與垂線：若直線 $l$ 與 $\overline{PH}$ 正交，寫成 $l \perp \overline{PH}$。$\overline{PH}$ 的長度：點 P 與直線 $l$ 之間的距離。

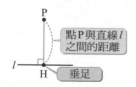

同位角與內錯角。同位角：$\angle a$ 和 $\angle e$、$\angle b$ 和 $\angle f$、$\angle c$ 和 $\angle g$、$\angle d$ 和 $\angle h$；內錯角：$\angle d$ 和 $\angle f$、$\angle c$ 和 $\angle e$（見右頁圖示）。

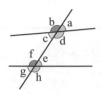

平行線的性質：平行的兩直線與一直線交會時，同位角的大小與內錯角的大小分別相同。

下圖點 P、Q、R 各自為 $\overline{AB}$、$\overline{AC}$、$\overline{BC}$ 的中點，當 $\overline{AB} = 8$ 公分、$\overline{BC} = 6$ 公分時，求出 $\overline{QR}$ 的長度。

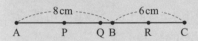

求出下圖 y-x 的值。

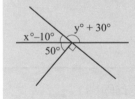

**實戰演練 17-3**

下圖是四邊形的紙張，沿著 $\overline{AB}$ 斜線摺起時，求出 ∠x 幾度。

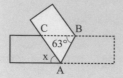

# 02 畫出三角形

　　三角形三邊長之間的關係，a＋b＞c，b＋c＞a，c＋a＞b。可成立三角形的條件：（最長邊的長度）＜（剩餘兩邊的總長）。

　　如何才能畫出三角形，第一，已知三邊長時。第二，已知兩邊長與一夾角的大小時。第三，已知一邊長與兩端角的大小時。

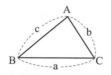

**實戰演練 17-4**

關於下列△ABC 的說明，請選出正確的選項（答案有兩個）。

① $\overline{AB}$＝7cm，$\overline{BC}$＝7cm，$\overline{CA}$＝15cm。

② $\overline{AB}$＝5cm，$\overline{BC}$＝10cm，$\overline{CA}$＝6cm。

③ $\overline{AB}$＝6cm，$\overline{BC}$＝5cm，∠A＝60°。

④ ∠A＝50°，∠B＝50°，∠C＝80°。

⑤ $\overline{AB}$＝6cm，∠A＝90°，∠B＝70°。

# 03 三角形的全等條件

全等是指模樣與大小可完全交疊的兩個圖形稱為彼此全等。當對應三邊的長度皆相同時，為 SSS 全等；當對應兩邊的長度相同，夾角大小也相同時，為 SAS 全等；當對應一邊的長度相同、兩端角大小也相同時，為 ASA 全等。

當△ABC ≅ △DEF 相同兩個圖形的全等記號「≅」出現時，對應的對頂角會依據同一順序寫下。值得注意的是，即使對應的三對角大小相同，也不代表一定是全等。

（SSS 全等）　　（SAS 全等）　　（ASA 全等）

## 實戰演練 17-5

根據下圖，當△ABC 和△ADE 是全等的正三角形時，下列說明為△ABP ≅ △AEQ 的過程。請寫出適合填入（a）、（b）、（c）、（d）中的答案。

在△ABP 與△AEQ 中，$\overline{AB}$ =（a）、∠B =（b）、∠BAP =（c）
∴△ABP ≅ △AEQ 為〔（d）全等〕

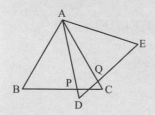

實戰演練 17-6

下圖為正方形 ABCD，當 $\overline{BE} = \overline{CF}$ 且 ∠BFC = 70° 時，求出 ∠BAE 的大小。

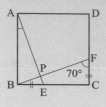

# 04 平面圖形

多邊形：由多個線段組成的平面圖形。正多角形：所有邊的長度相同、所有角的大小都相同的多邊形。n 邊形的一對頂角中，可畫出對角線個數為 (n − 3)。n 邊形的對角線個數為 $\dfrac{n(n-3)}{2}$。n 邊形的內角總和為 $180° \times (n - 2)$。

多邊形外角總和為 360°，正 n 角形的一內角大小為 $\dfrac{180° \times (n-2)}{n}$，正 n 角形的一外角大小為 $\dfrac{360°}{n}$。

當半徑長度為 r、中心角為 x° 的扇形弧長為 $l$、面積為 S 時，$l = 2\pi r \times \dfrac{x}{360}$、$S = \pi r^2 \times \dfrac{x}{360} = \dfrac{1}{2} r l$，可算出扇形弧長與面積。

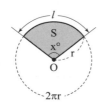

**實戰演練 17-7**

求出下圖 ∠A + ∠B + ∠C + ∠D + ∠E + ∠F + ∠G 的大小。

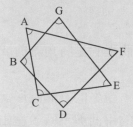

**實戰演練 17-8**

求出某一外角大小為 24° 的正多角形的對角線個數。

**實戰演練 17-9**

依據下圖所示，求出扇形弧的長度 $l$、面積 $S$。

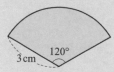

## 01 多面體

多面體是指多邊形的面組成的立體圖形。角錐體指的是將角錐剪成平面時，產生的兩個立體平面中，不是角錐的部分。

旋轉體：平面圖形以一直線為軸心旋轉一次時，產生的立體圖形。有關旋轉體性質如下，第一，將旋轉體依據旋轉軸的平面剪下時，產生的斷面為圓形；第二，旋轉體包含旋轉軸在內，剪成平面時，產生的斷面都是全等，並以旋轉軸為對稱軸的線對稱圖形。

圓錐體是指將圓錐剪成平面時，產生的兩個立體平面中，不是圓錐的部分。

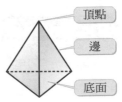

頂點
邊
底面

### 實戰演練 18-1

關於下列角錐體的說明，請選出正確選項。

① 從側面看都是梯形。

② 兩底面互相平行。

③ 兩底面互相全等。

④ n 角錐體是（n＋2）面體。

⑤ n 角錐體的稜角個數是 3n 個。

**實戰演練 18-2**

求出下列旋轉體的個數。

| 圓 | 球 | 正四面體 |
|---|---|---|
| 正六面體 | 圓錐 | 圓柱 |

# 02 正多面體

　　正多面體指的是各面皆全等的正多角形，且集合於各對頂角面的個數皆相同。正多面體的種類有正四面體、正六面體、正八面體、正十二面體、正二十面體等。

| | | | | | |
|---|---|---|---|---|---|
| | 正四面體 | 正六面體 | 正八面體 | 正十二面體 | 正二十面體 |
| 側面形狀 | 正三角形 | 正方形 | 正三角形 | 正五角形 | 正三角形 |
| 集合於一對頂角的面的個數 | 3 | 3 | 4 | 3 | 5 |
| 側面的個數 | 4 | 6 | 8 | 12 | 20 |
| 頂點個數 | 4 | 8 | 6 | 20 | 12 |
| 邊數個數 | 6 | 12 | 12 | 30 | 30 |

**實戰演練 18-3**

求出滿足下列條件的立體圖形。

(a) 正多面體

(b) 各面樣貌都全等的正三角形

(c) 集合於一對頂角的面共有 5 個

**實戰演練 18-4**

若下圖是正八面體的展開圖，請找出與之交疊的稜角。

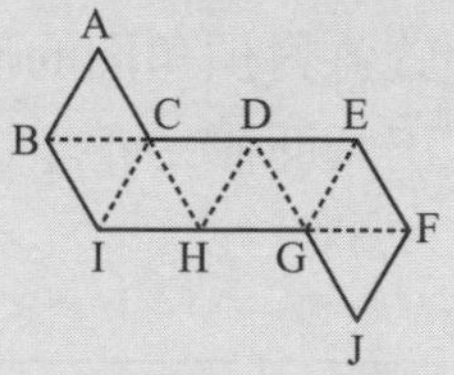

# 03 立體圖形的表面積與體積

柱體的表面積與體積公式如下：

(1)（柱體表面積）＝（底面積）×2＋（側面積）。

(2) 角柱體的體積：底面積 S、高 h 的角柱體體積是 $V = Sh$。

(3) 圓柱體的表面積：底面半徑長為 r、高為 h 的圓柱，其表面積是

$S = 2\pi r^2 + 2\pi rh$。

(4) 圓柱體的體積：底面半徑長為 r、高為 h 的圓柱，其體積是 $V = \pi r^2 h$。

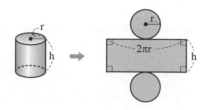

錐體的表面積與體積公式如下：

(1)（角錐的表面積）＝（底面積）＋側面積。

(2) 錐體的體積：底面積 S、高 h 的錐體體積是 $V = \dfrac{1}{3} Sh$。

(3) 圓錐體的表面積：底面半徑長為 r、母線長為 $l$ 的圓錐體，其表面積是 $S = \pi r^2 + \pi r l$。

(4) 圓錐體的體積：底面半徑長 r、高 h 的圓錐體體積是 $V = \dfrac{1}{3} \pi r^2 h$。

球體的表面積與體積公式如下：

(1) 球體的表面積：半徑長 r 的球的表面積是 $S = 4\pi r^2$。

(2) 球體的體積：半徑長 r 的球的體積是 $V = \dfrac{4}{3} \pi r^3$。

值得注意的是，立體圖形表面全部面積稱為表面積、側面全部面積稱為側面積。圓錐體展開圖中，（扇形弧長）＝（底面圓的周長）、（扇形弧的半徑長）＝（圓錐體的高）。

**實戰演練 18-5**

求出下列柱狀體的表面積。

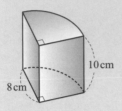

**實戰演練 18-6**

如下圖所示，在六面體的三個對頂角 B、G、D 畫出一個三角錐 C － BGD，求出該三角錐的體積。

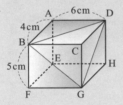

**實戰演練 18-7**

下圖為半徑長 4 公分的半球，求出這一半球的表面積。

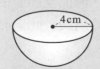

## 實戰演練 18-8

求出下列立體圖形的體積。

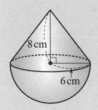

# 19　三角形的性質

## 01 等腰三角形的性質

等腰三角形是指兩邊長相同 $\overline{AB} = \overline{AC}$ 的三角形。

等腰三角形的性質：兩底角的大小相同。從等腰三角形的頂角往底邊畫一條等分線，將三角形等分成兩部分，即 $\overline{BD} = \overline{CD}$，$\overline{AD} \perp \overline{BC}$。

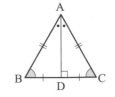

成為等腰三角形的條件：兩內角大小相同的三角形，便是等腰三角形，也就是說，在△ABC 中，若 $\angle B = \angle C$，則 $\overline{AB} = \overline{AC}$。

等腰三角形中（底角二等分線）＝（底邊垂直二等分線）＝（從頂角的頂點，到底邊畫下的垂直線）＝（從頂角的頂點，到底邊中心點的直線）。

---

### 實戰演練 19-1

下圖是 $\overline{AB} = \overline{AC}$ 的等腰三角形 ABC，假設 $\angle A$ 的兩等分線與 $\overline{BC}$ 交會的點是 D，且 $\overline{AD}$ 上的點為 P 時，下列說明何者不正確？

① $\angle PBD = \angle PCD$

② $\angle ADB = 90°$

③ $\overline{BD} = \overline{CD}$

④ $\overline{PB} = \overline{PC}$

⑤ $\angle BPC = 2\angle BAC$

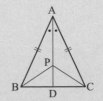

下圖為 $\overline{AB} = \overline{AC}$ 的等腰三角形 ABC，當 $\overline{CB} = \overline{CD}$，且 ∠B = 70° 時，求出 ∠ACD 的大小。

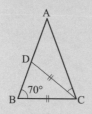

## 02 直角三角形的全等條件

直角三角形的全等條件：第一，當斜邊長與一銳角的大小相同時，為 RHA 全等；第二，當斜邊長與另一邊長度相同時，為 RHS 全等。

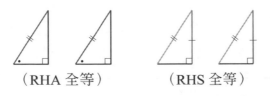

（RHA 全等）　　（RHS 全等）

角的二等分線性質：角的二等分線上隨意一點，其角與兩邊等距，若 ∠AOP = ∠BOP，則 $\overline{PA} = \overline{PB}$。角的兩邊等距的點，會在其角的二等分線上，若 $\overline{PA} = \overline{PB}$，則 ∠AOP = ∠BOP。

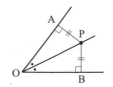

**實戰演練 19-3**

如下圖，假設 ∠A = 90° 且 $\overline{AB} = \overline{AC}$ 的直角等腰三角形 ABC 的兩個頂點 B、C，與經過 A 的直線，垂直相交的兩點分別為 D、E。當 $\overline{BD} = 8cm$，$\overline{CE} = 6cm$ 時，求出 $\overline{DE}$ 的長度。

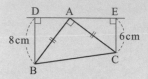

**實戰演練 19-4**

下圖是 ∠B = 90° 的直角三角形 ABC，∠A 的二等分線與 $\overline{BC}$ 交會點為 D 時，求出△ADC 的面積。

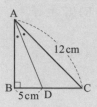

# 03 三角形的外心

　　三角形的三個頂角都在圓上時，正是三角形的外接圓，而外接圓的中心就稱為外心，同時也是三邊的垂直等分線的交點，且從外心到三個頂角的距離相等，即 $\overline{OA} = \overline{OB} = \overline{OC}$；△OAB、△OBC、△OCA 各為等腰三角形。

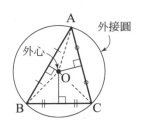

三角形外心的位置：銳角三角形位於三角形的內部、直角三角形位於斜邊的中點、鈍角三角形位於三角形的外部。

活用三角形外心的兩大要點：

第一，$\angle x + \angle y + \angle z = 90°$。

第二，$\angle BOC = 2\angle A$。

## 實戰演練 19-5

下圖點 O 是三角形 ABC 的外心，且 $\angle ABO = 10°$，$\angle CBO = 30°$ 時，求出 $\angle A$ 幾度。

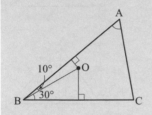

## 實戰演練 19-6

下圖點 O 是 $\angle C = 90°$ 的直角三角形 ABC 的外心，且當 $\angle A = 30°$，$\overline{OC} = 6\text{cm}$ 時，求出 $\triangle OBC$ 的周長。

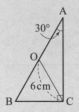

# 04 三角形的內心

三角形的三邊與圓交接時，正是三角形的內切圓，而內切圓的中心就稱為內心，同時也是三個內角等分線的交點，且從內心到三邊的距離相等，即 $\overline{ID} = \overline{IE} = \overline{IF}$。

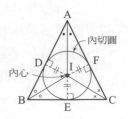

活用三角形內心的兩大要點：

第一，$\angle x + \angle y + \angle z = 90°$。

第二，$\angle BIC = 90° + \dfrac{1}{2} \angle A$。

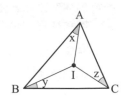

當三角形 ABC 的內切圓半徑長為 r 時，

$\triangle ABC = \dfrac{1}{2} r(\overline{AB} + \overline{BC} + \overline{CA})$。

$\overline{AD} = \overline{AF}$，$\overline{BD} = \overline{BE}$，$\overline{CE} = \overline{CF}$。

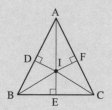

## 實戰演練 19-7

下圖點 I 是 △ABC 的內心，下列說明何者正確？（答案有 2 個）

① $\overline{BE} = \overline{EC}$

② $\overline{IA} = \overline{IB} = \overline{IC}$

③ $\overline{AD} = \overline{AF}$

④ $\overline{ID} = \overline{IE} = \overline{IF}$

⑤ $\angle AID = \angle BID$

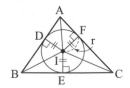

## 實戰演練 19-8

下圖的點是△ABC 的內心，且三點 D、E、F 分別與內切圓有切點，
當 $\overline{AB}$ = 13cm，$\overline{BC}$ = 15cm，$\overline{CA}$ = 8cm 時，求出 $\overline{AF}$ 的長度。

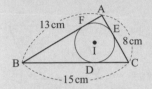

## 01 平行四邊形的性質

平行四邊形是指有兩對對邊平行的四邊形。滿足其條件如下：兩對的對邊平行、兩對的對邊長相同、兩對的對角大小相同。平行四邊形的面積根據其一對角線平分，也就是說，

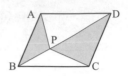

$$\triangle PAB + \triangle PCD = \triangle PDA + \triangle PBC = \frac{1}{2}\square\, ABCD。$$

### 實戰演練 20-1

在下圖平行四邊形 ABCD 中，假設 ∠B 的等分線與 $\overline{AD}$ 交會的點是 E，當 $\overline{BC}$ = 5cm，$\overline{CD}$ = 4cm 時，求出 $\overline{ED}$ 的長度。

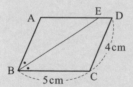

### 實戰演練 20-2

下圖是平行四邊形 ABCD，當△PBC 的面積是 8cm² 時，求出△PDA 的面積。

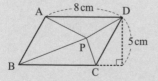

## 02 長方形與菱形

長方形：四個內角的大小全部相同的四邊形，兩對線的長度相同且平分。平行四邊形成為長方形的條件有兩個，第一，內角是直角；第二，兩對角線的長度相同。

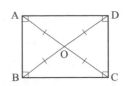

菱形：四邊長度全部相同的四邊形，且兩對角線互相垂直平分。平行四邊形成為菱形的條件也有兩個，第一，相鄰的兩邊長度相同；第二，兩對角線垂直相遇。

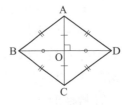

**實戰演練 20-3**

如下圖的四邊形 ABCD，兩對角線的交點是 O 且 $\overline{BD} = 18cm$，當 ∠ABO = 54° 時，求出下列要求：(1)$\overline{AO}$ 的長度、(2)∠BAO 幾度。

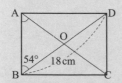

**實戰演練 20-4**

如下圖，選出平行四邊形 ABCD 可成為菱形的條件（答案有 2 個）。

① $\overline{AB} = 10cm$

② $\overline{BD} = 10cm$

③ $\overline{AC} = 8cm$

④ ∠AOD = 90°

⑤ ∠BAC = ∠BCA

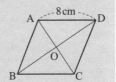

## 03 正方角形與等腰梯形

正方形：四個內角的大小相同、四邊長度都相同，且兩對角線長度相同並互相垂直平分。四邊形成為正方形的條件如下，第一，相鄰的兩邊長度相同，第二，兩對角線垂直相遇。菱形成為正方形的條件如下，第一，內角是直角，第二，兩對角線垂直相遇。

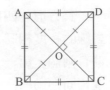

等腰梯形是指底邊的兩端角大小相同的梯形，兩對角線的長度相同，且不平行的兩對邊長度相同。換句話說，具有不平行的一對對邊長度相同的梯形，即為等腰梯形。

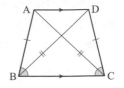

### 實戰演練 20-5

下圖是正方形 ABCD，當 $\overline{BD}$ = 6cm 時，求出□ABCD 的面積。

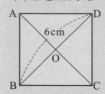

### 實戰演練 20-6

如下圖，假設 $\overline{AD}//\overline{BC}$ 的等腰梯形 ABCD，其頂角 A 到 $\overline{BC}$ 的垂足為 E。當 $\overline{AD}$ = 12cm，$\overline{BC}$ = 20cm 時，求出 $\overline{BE}$ 的長度。

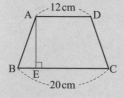

# 04 平行線與面積

　　當 $l /\!/ m$ 時，△ABC 與△A'BC 共用底邊 $\overline{BC}$，且高度相同，由此可知兩個三角形的面積相同，也就是說△ABC ＝△A'BC。

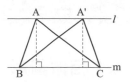

　　高度相同的兩個三角形面積比與底邊長度比相同，也就是說△ABC：△ACD ＝ $\overline{BC}$：$\overline{CD}$。

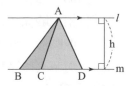

---

**實戰演練 20-7**

如下圖，假設拉出一條經過▱ABCD 的頂角 A 且與 $\overline{DB}$ 平行的直線，與 $\overline{CB}$ 的延長線相遇的點是 E。當▱ABCD 的面積是 $18\text{cm}^2$，且△DBC 的面積是 $6\text{cm}^2$ 時，求出△DEB 的面積。

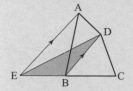

---

**實戰演練 20-8**

如下圖，點 M 是 $\overline{BC}$ 的中點，且 $\overline{AP}$：$\overline{PM} ＝ 2：1$。當△PBM 的面積是 $4\text{cm}^2$ 時，求出△ABC 的面積。

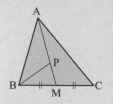

# 21 相似圖形

## 01 相似圖形

　　圖形 P 依據一定比率放大或縮小的圖形 Q 互為全等時，圖形 P 與 Q 就具有相似關係：P∽Q。互相具有相似關係的兩個圖形即為相似圖形。

　　相似圖形又分為相似平面圖形及相似立體圖形。相似平面圖形是指兩個圓、兩個直角等腰三角形、邊個數相同的兩個正多邊形、中心角大小相同的兩個扇形。相似立體圖形指的是兩個球、面個數相同的正多面體。

　　兩個三角形 ABC 與 DEF，當全等時，△ABC ≅ △DEF；相似時，△ABC ∽ △DEF；面積相同時，則△ABC = △DEF。

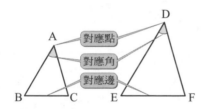

---

**實戰演練 21-1**

根據下圖□ABCD∽□EFGH，求出下列要求。

(1) 點 B 的對應點，(2)$\overline{HE}$ 的對應邊，(3)∠D 的對應角。

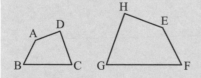

---

**實戰演練 21-2**

下列何者非相似圖形？
① 兩個球。
② 兩個正三角形。
③ 兩個六面體。
④ 兩個正四邊形。
⑤ 兩個直角等腰三角形。

# 02 相似圖形的性質

　　平面圖形的相似性質是指在兩個相似的平面圖形中，對應邊長度比固定，對應角的大小相同。而立體圖形的相似性質指的是在兩個相似的立體圖形中，對應稜角長度比固定，對應面相似的圖形。

　　相似比：兩個相似圖形中，對應邊長度比。相似比 1：1 的圖形即為全等，相似比一般都是以最簡單的自然數比呈現。

**實戰演練 21-3**

下列兩個四角柱是相似圖形，且□ABCD∽□IJKL 時，求出下列要求。(1) 兩個四角柱的相似比，(2)$\overline{FG}$ 的長度，(3)$\overline{OP}$ 的長度。

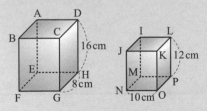

# 03 三角形的相似條件

三對對應邊長度比相同時，為 SSS 相似，也就是說 a : a' = b : b' = c : c'。兩對對應邊長度比相同，其夾角大小相同時，為 SAS 相似，也就是說 a : a' = c : c'，∠B = ∠B'。兩對對應角的大小相同，為 AA 相似，也就是說 ∠B = ∠B'，∠C = ∠C'。

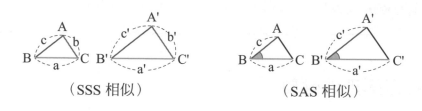

（SSS 相似）　　　　　　（SAS 相似）

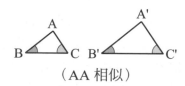

（AA 相似）

## 實戰演練 21-4

求出下圖△ABC的 $\overline{AC}$ 長度。

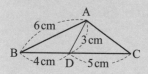

**實戰演練21-5**

在下圖△ABC 中，求出當 ∠C＝∠BDE 時，$\overline{EC}$ 的長度。

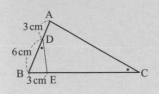

## 04 直角三角形的相似

∠A＝90° 的直角三角形，當從頂角 A 畫一垂線到斜邊 BC 的垂足是 H 時，△ABC∽△HBA∽△HAC（AA 相似）。

(1) 在△ABC∽△HBA，∵ $\overline{AB}$：$\overline{HB}$＝$\overline{BC}$：$\overline{BA}$，∴ $\overline{AB}^2$＝$\overline{BH}×\overline{BC}$。

(2) 在△ABC∽△HAC，∵ $\overline{BC}$：$\overline{AC}$＝$\overline{AC}$：$\overline{HC}$，∴ $\overline{AC}^2$＝$\overline{CH}×\overline{CB}$。

(3) 在△HBA∽△HAC，∵ $\overline{BH}$：$\overline{AH}$＝$\overline{AH}$：$\overline{CH}$，∴ $\overline{AH}^2$＝$\overline{BH}×\overline{CH}$。

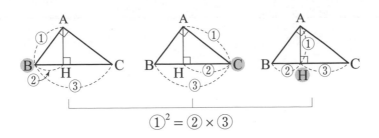

**實戰演練 21-6**

下圖△ABC 中，當 $\overline{AB} \perp \overline{CE}$，$\overline{AC} \perp \overline{BD}$ 時，下列何者錯誤？

① △ABD ∽ △ACE
② △ABD ∽ △FBE
③ △ACE ∽ △FCD
④ △FBE ∽ △FCD
⑤ △ACE ∽ △CBD

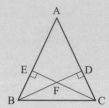

**實戰演練 21-7**

下圖是 ∠C = 90° 的直角三角形 ABC，當 $\overline{AB} \perp \overline{CH}$ 時，請求出 $\overline{CH}$ 的長度。

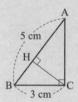

## 22 相似圖形的應用

### 01 平行線與線段長度比

(1) 三角形的平行線與線段長度比

　① 在△ABC，與邊 BC 平行的直線，以及兩邊 AB、AC 的延長線上交

　　點分別為 D、E 時，

　　$\overline{AB} : \overline{AD} = \overline{AC} : \overline{AE} = \overline{BC} : \overline{DE}$ ；

　　$\overline{AD} : \overline{DB} = \overline{AE} : \overline{EC} \neq \overline{DE} : \overline{BC}$ 。

　② 在△ABC，兩邊 AB、AC，與其延長線上的點 D、E，

　　若 $\overline{AB} : \overline{AD} = \overline{AC} : \overline{AE}$，則 $\overline{BC} /\!/ \overline{DE}$ 。

　　若 $\overline{AD} : \overline{DB} = \overline{AE} : \overline{EC}$，則 $\overline{BC} /\!/ \overline{DE}$ 。

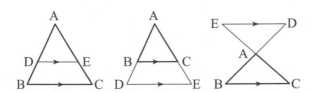

(2) 三角形內角與外角的等分線

　① 三角形內角的等分線：

　　在△ABC，若，∠BAD = ∠CAD，

　　則 $\overline{AB} : \overline{AC} = \overline{BD} : \overline{DC}$ 。

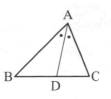

　② 三角形外角的等分線：

　　在△ABC，若∠CAD = ∠EAD，

　　則 $\overline{AB} : \overline{AC} = \overline{BD} : \overline{DC}$ 。

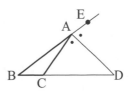

153

⑶ 平行線之間的線段比

三個以上的平行線與另外兩直線相遇時，線段長度比相同，若 $l /\!/ m /\!/ n$，則 $a : b = a' : b'$。

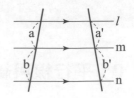

⑷ 連接三角形兩邊中點的線段性質

① 在△ABC，當兩點 M、N 是 $\overline{AB}$，$\overline{AC}$ 的中點

時，$\overline{BC} /\!/ \overline{MN}$，$\overline{MN} = \dfrac{1}{2}\overline{BC}$。

② 在△ABC，若經過 $\overline{AB}$ 中點 M，且在與 $\overline{BC}$ 平行的直線 $\overline{AC}$ 為交點 N 時，則 $\overline{AN} = \overline{NC}$。

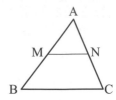

## 實戰演練 22-1

假設下圖△ABC 的 $\overline{BC} /\!/ \overline{DE}$ 時，求出 $x + y$ 的值。

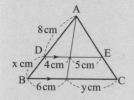

## 實戰演練 22-2

假設下圖△ABC 中，當 $\overline{BE} /\!/ \overline{DF}$，$\overline{BC} /\!/ \overline{DE}$ 且 $\overline{AD} = 8cm$、$\overline{DB} = 6cm$、$\overline{AF} = 4cm$ 時，求出下列要求：⑴$\overline{FE}$ 的長度，⑵$\overline{CE}$ 的長度。

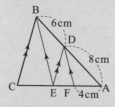

**實戰演練 22-3**

如下圖所示，當△ABC 的 ∠A 外角兩等分線與 $\overline{BC}$ 延長線的交點是 D 時，求出 $\overline{AC}$ 的長度。

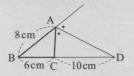

**實戰演練 22-4**

下圖為△ABC 與△DBE，$\overline{AD} = \overline{BD}$、$\overline{DF} = \overline{FE}$，當 $\overline{BC} = 10cm$ 時，求出 $\overline{CE}$ 的長度。

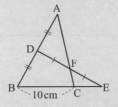

# 02 三角形的幾何重心

　　三角形的中線是指三角形一頂角與其對邊的中點的二分線，三角形中線將其分成兩等分。

　　三角形的幾何重心：三角形三條中線的交點，其三條中線的長度從頂角起算分別為 2：1，三條中線將三角形的面積六等分，

即△GAF ＝△GBF ＝△GBD ＝△GCD ＝△GCE ＝△GAE ＝ $\dfrac{1}{6}$△ABC。

155

値得注意的是，等腰三角形的幾何重心、外心、內心都在頂角的二等分線上，而正三角形的幾何重心、外心、內心都一致。

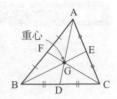

---

### 實戰演練 22-5

如下圖，點 D 是 $\overline{BC}$ 的中點，且點 G、G' 分別是△ABC 與△GBC 的幾何重心。當 $\overline{AD}$ = 18cm 時，求出 $\overline{GG'}$ 的長度。

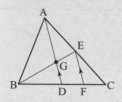

---

### 實戰演練 22-6

下圖 $\overline{BE}$ 是三角形 ABC 的中線，且點 G 是三角形 ABC 的幾何重心。若 $\overline{AD}//\overline{EF}$，求出 $\overline{BF}:\overline{FC}$ 的值為何。

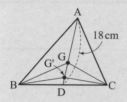

# 03 相似圖形的面積比與體積比

當兩相似平面圖形的比是 m：n 時，周長比是 m：n、面積比是 $m^2$：$n^2$。當兩相似兩立體圖形的比是 m：n 時，對應稜角的長度比為 m：n，表面積比是 $m^2$：$n^2$，體積比則為 $m^3$：$n^3$。

難以直接測量的距離或高度等，可利用縮圖與比例尺進行間接測量。縮圖是指將圖形依據一定比例縮減的圖；比例尺指的是縮圖上的長度與實際長度的比例，其公式為（比例尺）$= \dfrac{（縮圖長度）}{（實際長度）}$。

## 實戰演練 22-7

如下圖，將水放入圓錐體高度 $\dfrac{1}{2}$ 的地方，水的體積是 5cm³。求出此圓錐體的體積。

## 實戰演練 22-8

在比例尺是 $\dfrac{1}{50000}$ 的地圖中，求出 60 公分的實際公里數。

**基礎圖形**

1. 如下圖所示，$\overline{AB} \perp \overline{CO}$ 且∠AOD = 6∠COD、∠EOB = 3∠DOE 時，求出∠COE 的大小。

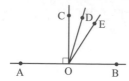

邏輯題

2. 當平行的兩直線 $l$、m 與正六角形 ABCDEF、正方形 FGHI 如下圖時，求出∠EFG 的大小。

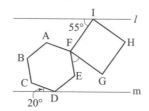

**三角形的全等條件**

邏輯題

3. 如下圖是正三角形 ABC，在 $\overline{BC}$ 延長線上的點 D 畫出一個三角形 ECD，求出∠BPD 的大小。

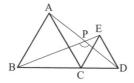

4. 如下圖所示，是兩個正方形 ABCD 與 EFGC，當∠ABG = 60°、
   ∠BCG = 35°，求出∠DEF 的大小。

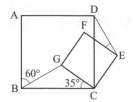

## 平面圖形

5. 下列是△ ABC，$\overline{AE}$、$\overline{BD}$ 是∠A、∠B 的二等分線。當∠BCA = 70°
   時，求出∠AEC + ∠BDC 的值。

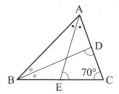

## 正多面體

6. 用下列展開圖做一個立體圖形，試問以下說明何者錯誤？

   ① 有 20 個面。

   ② 有 15 個頂點個數。

   ③ 有 30 個稜角個數。

   ④ 集合於一點角的面有 5 個。

   ⑤ 有互相平行的面。

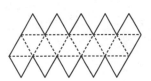

邏輯題

7. 足球是由一個正二十面體的各個稜角三等分，再從頂點中心起算 $\frac{1}{3}$ 的
   距離剪出而成。假設足球的頂點個數是 v、稜角數個數是 e、面的個
   數是 f 時，求出 v + e + f 的值。

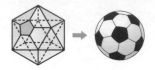

## 立體圖形的表面積與體積

8. 下圖是從點 O 滾出一個底面半徑長 4cm、母線長 20cm 的圓錐，問需
   要滾幾圈才能回到原本的位置。

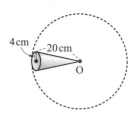

9. 下圖圓柱體剛好可放入兩顆球，若球的體積是 P、圓柱體的空間體積
   是 Q 時，求出 P：Q。

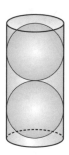

**等腰三角形的性質**

10.如下圖所示，△ ABC 是 $\overline{AB} = \overline{AC}$ 的等腰三角形。若∠A = 40°、
∠ACD = ∠DCE，求出∠BDC 的大小。

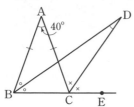

**直角三角形的全等條件**

11.下列正方形 ABCD，若要讓 $\overline{DE} = \overline{DF}$，須延長至 $\overline{BC}$ 線上的點 F。當
∠ADE = 30° 時，求出∠BFE 的大小。

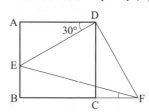

**三角形的外心**

邏輯題

12.如下圖，從△ ABC 的外接圓中心 O，垂直至 $\overline{AB}$，$\overline{AC}$ 的垂足分別為
D、E。當 $\overline{OD} = \overline{OE}$ 且∠A = 74° 時，求出∠C 的大小。

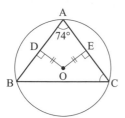

### 三角形的內心

13.如圖，點 I 是∠C = 90° 的直角三角形 ABC 的內心。若 $\overline{AB}$ = 12cm 且
   內切圓的半徑長 2cm，求出△ ABC 的面積。

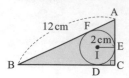

### 三角形的內心、外心

14.如圖，△ ABC 的三邊長分別是 3cm、4cm、5cm。若△ ABC 的外接
   圓半徑長 R 公分、內切圓半徑長 r 公分時，求出 R-r 的值。

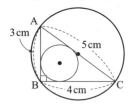

15.如下圖，點 O、點 I 分別是△ABC 的外心與內心。 當∠B = 34°、
   ∠C = 66° 時，求出∠OAI 的大小。

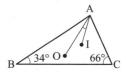

**平行四邊形的性質**

16.下圖平行四邊形 ABCD 的點 M、點 N 分別是 $\overline{AD}$ 與 $\overline{BC}$ 的中點。試問
　　□ MPNQ 可形成平行四邊形的條件，下列何者正確？

　　① 兩對的對邊分別平行。

　　② 兩對的對邊長分別相同。

　　③ 兩對的對角大小分別相同。

　　④ 兩對角線互相平分。

　　⑤ 一對對邊平行且長度相同。

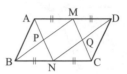

**正方形與等腰梯形**

邏輯題

17.如下圖所示，□ ABCD 與 □ CEFG 皆是正方形，且點 G 在 $\overline{AD}$ 上。
　　若 $\overline{AB}$ = 6cm，求出△ DCE 的面積。

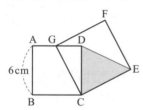

18.如下圖所示，$\overline{AD}/\!/\overline{BC}$ 的等腰梯形 ABCD 中，$\overline{AB}$ = 7cm、$\overline{AD}$ = 6cm，
　　∠A = 120° 時，求出 $\overline{BC}$ 的長度。

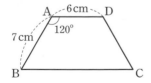

**平行線與面積**

19.如圖所示，平行四邊形 ABCD 的 $\overline{AP}:\overline{PD}=4:3$、$\overline{DQ}:\overline{QC}=2:1$。

若□ PBQD 的面積是 230cm² ，求出△ PBD 的面積。

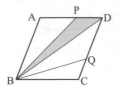

**相似圖形的性質**

20.如圖，若□ ABCD ∽ □ EFGH，下列何者錯誤？

① $\overline{BC}:\overline{FG}=4:3$

② $\overline{AB}=3cm$

③ $\overline{EH}=9cm$

④ ∠D = 57°

⑤ ∠E = 73°

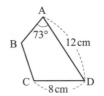

21.如下圖的圓錐，若從與底面平行的平面處剪開後所產生的斷面，半徑長 5cm 的圓時，問一開始的圓錐底面半徑長是多少？

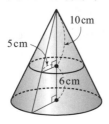

22.如下圖所示，兩個長方形□ ABCD ∽ □ GEFB。若 $\overline{CD}$ = 12cm、
$\overline{EG}$ = 8cm、$\overline{GB}$ = 6cm，求出 $\overline{FC}$ 的長度。

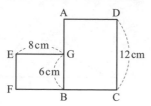

## 三角形的相似條件

23.如圖，在△ ABC 中，∠B = ∠AED 且 $\overline{AD}$ = 4cm、$\overline{DB}$ = 8cm、
$\overline{AE}$ = 6cm，求出 $\overline{CE}$ 的長度。

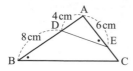

## 邏輯題

24.下圖是正三角形 ABC，依據 $\overline{DE}$ 線段，將頂角 A 摺往點 A' 時，求出
$\overline{AE}$ 的長度。

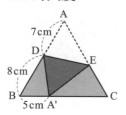

### 直角三角形的相似

25. 如下圖，在∠A = 90° 的直角三角形 ABC 中，若 $\overline{AD} \perp \overline{BC}$，下列說明何者錯誤？

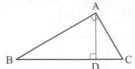

① ∠ACB = ∠BAD

② △ ABC ∽ △ DBA

③ $\overline{AC} : \overline{BC} = \overline{AD} : \overline{AC}$

④ ∠B = ∠DAC

⑤ △ DBA ∽ △ DAC

26. 下列長方形 ABCD 中，$\overline{BD}$ 的垂直等分線 $\overline{EF}$ 與 $\overline{BD}$ 的交點是 M 時，求出 $\overline{EF}$ 的長度。

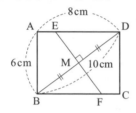

### 平行線與線段長度比

27. 如下圖，當 $\overline{AD} // \overline{BC}$、$\overline{BD} // \overline{FG}$ 時，求出 $\overline{FG}$ 的長度。

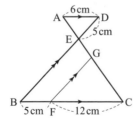

28.下圖△ ABC 中，$\overline{AD} = \overline{DB}$、$\overline{AE} = \overline{EF} = \overline{FC}$。若 $\overline{GF} = 3cm$，求出 $\overline{BG}$ 的
長度。

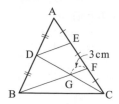

29.下列為 $\overline{AD} /\!/ \overline{BC}$ 的等腰梯形 ABCD，其四邊中點分別為 E、F、G、H，
求出□ EFGH 的面積。

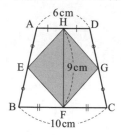

30.如下圖所示，$\overline{AC}$ 與 $\overline{BD}$ 的交點是 E，且 $\overline{AB} /\!/ \overline{EF} /\!/ \overline{DC}$。若 $\overline{AB} = 21cm$、
$\overline{CD} = 28cm$，求出 $\overline{EF}$ 的長度。

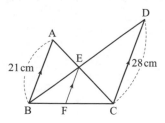

### 三角形的幾何重心

31.如下圖所示，$\overline{AD}$ 是 △ ABC 的中線、點 G 是 △ ABC 的幾何重心，且 $\overline{EF}//\overline{BC}$。若 △ GDF 的面積是 $10cm^2$，求出 △ FDC 的面積。

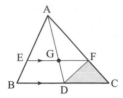

32.下列平行四邊形 ABCD 的兩點 M、N，分別是 $\overline{BC}$、$\overline{CD}$ 的中點。若 $\overline{PQ} = 8$ 公分，求出 $\overline{MN}$ 的長度。

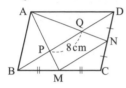

33.如圖所示，點 E、D、F 是 $\overline{AC}$ 的四等分線，且點 G 是 $\overline{BD}$ 的中點。若 △ABC 的面積是 $48cm^2$，求出上色部分的面積。

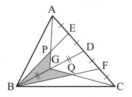

### 相似圖形的面積與體積比

34.如圖，點 G 是 △ ABC 的幾何重心，且 $\overline{BE}//\overline{DF}$。
若 △ GBD = $24cm^2$，求出 △ DCF 的面積。

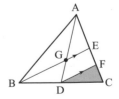

35.實際相距距離是 0.5km，畫在地圖上是 2cm。在地圖上，有一長寬分別是 2cm、3cm 的長方形土地，實際面積是幾 $m^2$？

邏輯題

36.如圖，高度為 21cm 的圓錐狀水桶裝滿了水，裝在水龍頭上打開開關，讓水依照一定速率流出，直到水桶空了 7cm，剛好花了 5 分鐘。問若要讓剩餘的水流光，需要花多久時間？

---

解題之鑰

2. 畫出分別經過兩點 E、F，且與直線 $l$、m 平行的直線。

4. 利用正方形的四邊長全部相同，四個角的大小都是 90°。

6. 利用展開圖的面的個數，即可得知可形成一個正多面體。

8. 圓錐可滾動的側面積和，就是圓 O 的面積。

10.三角形的外角大小，與不相鄰的兩個內角和相同。

12.利用直角三角形的全等與外心性質。

13.考慮三角形周長與面積之間的關係。

15.利用∠AOC = 2∠B 求出∠OAC 的大小。

17.畫出輔助線，試著找出兩個全等三角形。

21.剪開與底面平行的平面後所產生的圓柱體，與一開始的圓柱體是相似圖形。

24.依據 $\overline{DE}$ 摺線摺起時，$\overline{AD} = \overline{DA'}$、$\overline{AE} = \overline{EA'}$。

28. 連結三角形兩邊中點的線段，與剩餘一邊平行，其長度是剩餘一邊長度的 $\frac{1}{2}$。

29. 可知是連結等腰梯形四邊中點的四邊形。

31. 利用三角形幾何重心的性質，求出各個三角形的面積。

32. 畫輔助線，利用△ABC 與△ACD 的幾何重心。

34. 找出與△DCF 相似的三角形，並求出面積比。

36. 求出大圓錐水桶與裝滿水的小圓錐的相似比。

# 第 **6** 章

## 空間與形狀 2

### 01 畢氏定理及證明

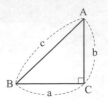

直角三角形 ABC，若直角兩邊的長度分別為 a、b，且斜邊長是 c 時，$a^2 + b^2 = c^2$，即為畢氏定理。三邊長分別為 a、b、c 的三角形 ABC，若 $c^2 = a^2 + b^2$，此三角形即為斜邊長 c 的直角三角形。

畢達哥拉斯證明：因 □CDFH = 4△ABC + □AEGB，

$(a+b)^2 = 4 \times \dfrac{1}{2}ab + c^2$，所以 $c^2 = a^2 + b^2$（見下列左圖）。

歐幾里得證明：因 □ACDE = □AFKJ、□BHIC = □BJKG，□AFGB = □AFKJ + □BJKG = □ACDE + □BHIC，所以 $c^2 = a^2 + b^2$（見下列右圖）。

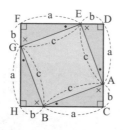
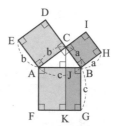

---

**實戰演練 23-1**

請求出下圖中的 x 值。

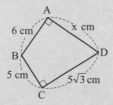

**實戰演練 23-2**

如下圖所示，直角三角形 ABC 的每一邊各畫出一個正方形。若 □CBHI = 12cm$^2$、□AFGB = 30cm$^2$，求出△ABC 的面積。

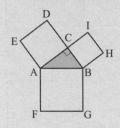

# 02 畢氏定理與四邊形

　　當四邊形 ABCD 的兩對角線正交時，$\overline{AB}^2 + \overline{CD}^2 = \overline{BC}^2 + \overline{AD}^2$。

　　長方形 ABCD 內部隨意的點 P，$\overline{AP}^2 + \overline{CP}^2 = \overline{BP}^2 + \overline{DP}^2$。

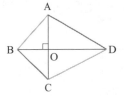
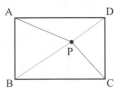

**實戰演練 23-3**

如下圖所示，當□ABCD 的兩對角線互相正交時，求出 $\overline{CD}$ 的長度。

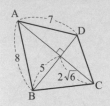

## 03 長方形的對角線長

長與寬分別為 a、b 的長方形，其對角線長度為 l 時，公式寫成 $l = \sqrt{a^2 + b^2}$。

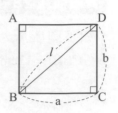

當邊長為 a 的正方形的對角線，其長度為 l 時，公式寫做 $l = \sqrt{2}a$。

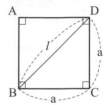

### 實戰演練 23-4

如下圖，邊長 4cm 的正方形兩個相連時，求出對角線 $\overline{AF}$ 的長度。

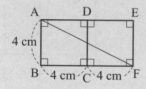

## 04 正三角形的高與面積

邊長為 a 的正三角形，若要求出其高度 h、其面積 S，可利用以下公式：$h = \dfrac{\sqrt{3}}{2}a$，$S = \dfrac{\sqrt{3}}{4}a^2$。

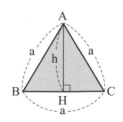

**實戰演練23-5**

如下圖，當正三角形 ABC 的點 G 是幾何重心時，求出 $\overline{AG}$ 的長度。

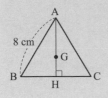

# 05 立體圖形的高與體積

　　一個邊長為 a 的正四面體，若要求出其高度 h、其體積 V 時，可利用下列公式 $h = \dfrac{\sqrt{6}}{3}a$，$V = \dfrac{\sqrt{2}}{12}a^3$。

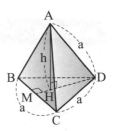

　　一底部邊長為 a 的正方形，以及側面邊長為 b 的正四角錐，若要求出其高度 h、其體積 V 時，可利用下列公式：$h = \sqrt{b^2 - \dfrac{a^2}{2}}$，$V = \dfrac{1}{3}a^2h$。

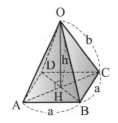

　　底面半徑長 r、邊長 $l$ 的圓錐體，若要求出其高度 h、其體積 V 時，可利用下列公式：

$h = \sqrt{l^2 - r^2}$，$V = \dfrac{1}{3}\pi r^2 h$。

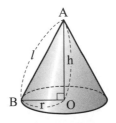

**實戰演練23-6**

下圖是底邊長為 8cm，側面邊長為 12cm 的正四角錐，試求出其高度與體積。

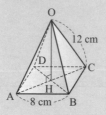

**實戰演練23-7**

求出下列邊長 12cm 且 ∠ABO = 60° 的圓錐體積。

# 24　三角函數

## 01 三角函數的值

如何求出下列三角形 ABC 的三角函數，可利用以下公式：

$$\sin A = \frac{(高度)}{(斜邊長)} = \frac{a}{b}$$

$$\cos A = \frac{(底邊長)}{(斜邊長)} = \frac{c}{b}$$

$$\tan A = \frac{(高度)}{(底邊長)} = \frac{a}{c} \text{。}$$

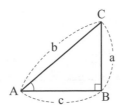

特殊角的三角函數值 −30°、45°、60° 如下表所示：

| 三角函數 ＼ A | 30° | 45° | 60° |
|:---:|:---:|:---:|:---:|
| sinA | $\dfrac{1}{2}$ | $\dfrac{\sqrt{2}}{2}$ | $\dfrac{\sqrt{3}}{2}$ |
| cosA | $\dfrac{\sqrt{3}}{2}$ | $\dfrac{\sqrt{2}}{2}$ | $\dfrac{1}{2}$ |
| tanA | $\dfrac{\sqrt{3}}{3}$ | $1$ | $\sqrt{3}$ |

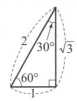

---

### 實戰演練 24-1

如圖所示，當直角三角形 ABC 的 $\sin A = \dfrac{1}{3}$ 時，求出 $\overline{AB}$ 的長度。

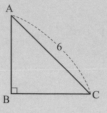

---

### 實戰演練 24-2

求出下列算式的值。

(1) $\sin 45° - \cos 45° + \tan 30°$

(2) $\cos^2 30° + \dfrac{\sin 60° \times \tan 30°}{\tan 45°}$

---

## 02 任意角化銳角三角函數值

有關銳角三角函數值如下所示：

$\sin x = \dfrac{\overline{AB}}{\overline{OA}} = \dfrac{\overline{AB}}{1} = \overline{AB}$；$\cos x = \dfrac{\overline{OB}}{\overline{OA}} = \dfrac{\overline{OB}}{1} = \overline{OB}$；$\tan x = \dfrac{\overline{CD}}{\overline{OD}} = \dfrac{\overline{CD}}{1} = \overline{CD}$。

$0°$、$90°$ 的三角函數比值如下：

$\sin 0° = 0$，$\cos 0° = 1$，$\tan 0° = 0$

$\sin 90° = 1$、$\cos 90° = 0$、$\tan 90°$ 的值無法確定。

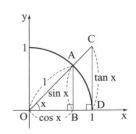

### 實戰演練 24-3

如圖，利用半徑長為 1 的四分之一圓，求出 sin35° + tan35° 的值。

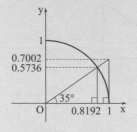

## 03 三角函數值表

　　三角函數值表：從 0° 到 90°，以 1° 為單位，四捨五入至小數點第四位數的函數表格。如何看三角函數值表，找到表格中行列交會的數字，即為三角函數的值。

### 實戰演練 24-4

利用下列三角函數值表，求出 sin28° + cos25° 的值。

| 角度 | sin | cos | tan |
|------|--------|--------|--------|
| 24°  | 0.4067 | 0.9135 | 0.4452 |
| 25°  | 0.4226 | 0.9063 | 0.4663 |
| 26°  | 0.4384 | 0.8988 | 0.4877 |
| 27°  | 0.4540 | 0.8910 | 0.5095 |
| 28°  | 0.4695 | 0.8829 | 0.5317 |

# 04 直角三角形的邊長

若知∠B的大小與斜邊長 c 時，
b = c sinB、a = c cosB。

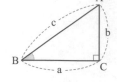

若知∠B大小的與底邊長 a 時，

$b = a \tan B$、$c = \dfrac{a}{\cos B}$。

若知 ∠B 的大小與高度 b 時，

$a = \dfrac{b}{\tan B}$、$c = \dfrac{b}{\sin B}$。

## 實戰演練 24-5

求出下圖直角三角形 ABC 的 $\overline{AB}$ 長。

① 3sin47°

② 3cos47°

③ 3tan47°

④ $\dfrac{3}{\sin 47°}$

⑤ $\dfrac{3}{\tan 47°}$

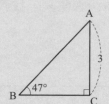

# 05 三角形的高與面積

下列為求出不同種類三角形之高的公式。

① 銳角三角形：$h = \dfrac{a}{\tan x + \tan y}$。

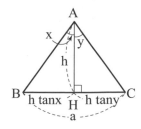

② 鈍角三角形：h = $\dfrac{a}{\tan x - \tan y}$。

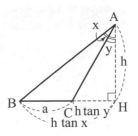

求三角形的面積公式如下所示：

① 當 ∠ B 是銳角時：△ABC = $\dfrac{1}{2}$ ac sin B。

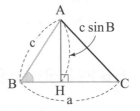

② 當 ∠ B 是鈍角時：△ABC = $\dfrac{1}{2}$ ac sin (180° – B)。

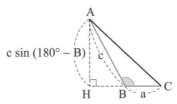

**實戰演練 24-6**

如圖，∠B = 60°，∠C = 45°，$\overline{BC}$ = 8cm，求出△ABC 的高 h。

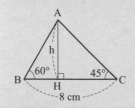

**實戰演練 24-7**

若下圖△ABC 面積為 $50\sqrt{6}$ cm² 時，求出 x 的值。

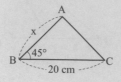

# 06 四邊形的面積

(1) 求出平行四邊形的面積公式如下：$S = ab\sin x$。

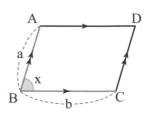

(2) 求出四邊形的面積公式如下：$S = \dfrac{1}{2}ab\sin x$。

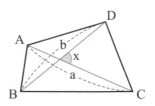

**實戰演練 24-8**

求出下列平行四邊形 ABCD 的面積。

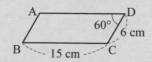

# 25 圓與直線

## 01 圓的中心角大小與弦長

(1) 大小相同的兩中心角，其弧長、弦長也各自相同，若
$\angle AOB = \angle COD$，則 $\overarc{AB} = \overarc{CD}$，$\overline{AB} = \overline{CD}$。

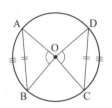

(2) 中心角的大小與弧長成正比，若 $2\angle AOB = \angle COD$，
則 $2\overarc{AB} = \overarc{CD}$。

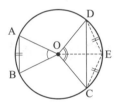

(3) 中心角的大小與弦長沒有一定比例，若 $2\angle AOB = \angle COD$，則 $2\overline{AB} > \overline{CD}$。

### 實戰演練 25-1

求出下圖的 x 值。

(1)

(2)

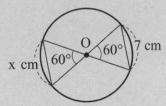

如圖，當圓的直徑 AB 的延長線與弦 CD 的延長線交會於點 E，且 $\overline{DO} = \overline{DE}$，當 ∠E = 24° 時，試問 $\overset{\frown}{AC}$ 是 $\overset{\frown}{BD}$ 的幾倍。

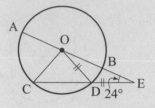

## 02 弦的垂直等分線

從圓的中心到弦拉一條垂線，這條垂線就是垂直等分線，若 $\overline{OM} \perp \overline{AB}$，則 $\overline{AM} = \overline{BM}$，且會經過圓心。從右圖可知，△OAB 是 $\overline{OA} = \overline{OB}$ 的等腰三角形，△OAM、△OBM 是直角三角形，由此可知 △OAM ≅ △OBM（RHS 全等）。

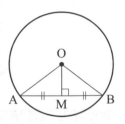

如下圖圓 O 所示，若 $\overline{OC} \perp \overline{AB}$、$\overline{AH} = 4cm$、$\overline{CH} = 2cm$ 時，求出 $\overline{OB}$ 的長。

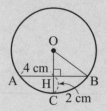

## 實戰演練 25-4

如下圖，半徑長 20cm 的圓上的點 Q，是反摺至圓的中心點 O，求出摺線 $\overline{AB}$ 的長度。

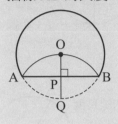

# 03 弦長

從圓心到相同距離的兩弦長相同，若 $\overline{OM} = \overline{ON}$，則 $\overline{AB} = \overline{CD}$。長度相同的兩弦，從圓心起算是相同的距離，若 $\overline{AB} = \overline{CD}$，則 $\overline{OM} = \overline{ON}$。由此可知 $\triangle OAM \cong \triangle OCN$（RHS 全等）。

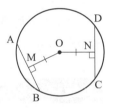

## 實戰演練 25-5

求出下圖中，x 的值。

(1)

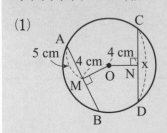

(2)

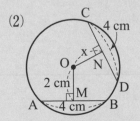

## 04 圓與切線

圓的切線垂直於切點的半徑，也就是說 $\overline{OT} \perp l$。圓上的一點，且與該點的半徑垂直的直線，即是該圓的切線。

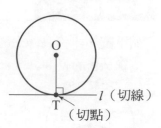

若要求出圓的切線長度，從圓 O 外部的點 P，只可與該圓畫出兩條切線，當切點分別為 A、B 時，$\overline{PA}$ 與 $\overline{PB}$ 的長度就是點 P 到圓 O 的切線長度。

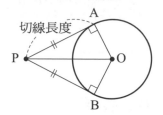

另外，從圓外部的一點到該圓，則畫出的兩條切線長相等，也就是說 $\overline{PA} = \overline{PB}$（$\because \triangle PAO \cong \triangle PBO$）為 RHS 全等。

### 實戰演練 25-6

如下圖，$\overrightarrow{PT}$ 是圓的切線，當 $\overline{PA} = 8cm$、$\overline{OA} = 5cm$ 時，求出 $\overline{PT}$ 的長度（點 T 是切點）。

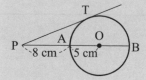

**實戰演練 25-7**

如下圖，$\overrightarrow{\text{PA}}$ 與 $\overrightarrow{\text{PB}}$ 是圓的切線，且 ∠PAB = 75° 時，求出 ∠APB 的大小（點 A、B 是切點）。

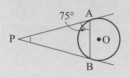

# 05 三角形的內切圓

　　當圓 O 是△ABC 的內切圓時，$\overline{\text{AD}} = \overline{\text{AF}}$、$\overline{\text{BD}} = \overline{\text{BE}}$、$\overline{\text{CE}} = \overline{\text{CF}}$，△ABC 的周長為

$a + b + c = 2(x + y + z)$，$\triangle\text{ABC} = \dfrac{1}{2}\,r(a + b + c)$。

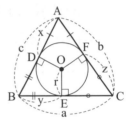

**實戰演練 25-8**

下圖的圓是直角三角形 ABC 的內切圓。當圓的半徑長是 3cm，且 $\overline{\text{AB}} = 15\text{cm}$ 時，求出△ABC 的周長（點 D、E、F 是切點）。

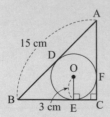

## 06 圓外切四邊形

圓外切四邊形的兩對對邊長和相同，
即 $\overline{AB} + \overline{CD} = \overline{AD} + \overline{BC}$。

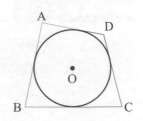

當下列點 E、F、G、H 是圓外切四邊形的切點時，

$\overline{AB} + \overline{CD}$

$= (\overline{AE} + \overline{BE}) + (\overline{DG} + \overline{CG})$

$= \overline{AH} + \overline{BF} + \overline{DH} + \overline{CF}$

$= (\overline{AH} + \overline{DH}) + (\overline{BF} + \overline{CF})$

$= \overline{AD} + \overline{BC}$。

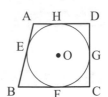

**實戰演練 25-9**

如下圖，□ABCD 為圓外切四邊形，且 $\overline{AB} = 15\text{cm}$、$\overline{BC} = 14\text{cm}$、$\overline{AD} = 10\text{cm}$ 時，求出 $\overline{DC}$ 的長度。

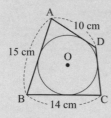

**實戰演練 25-10**

如圖，圓與長方形 ABCD 的三邊，以及 $\overline{DE}$ 相切，且 $\overline{AB}$ = 6cm、
$\overline{AD}$ = 8cm 時，求出 $\overline{DE}$ 的長度。

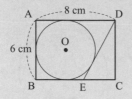

# 26 圓周角

## 01 圓周角與中心角

　　圓周角：點 P 在圓上，但不在弧 AB 上，所以
∠APB 是弧 AB 的圓周角。圓中的一弧，其圓周角的

大小是中心角大小的 $\frac{1}{2}$，因此 ∠APB = $\frac{1}{2}$∠AOB。

　　值得注意的是，圓中的弧，其中心角只有一個，
但可以畫出多個圓周角。

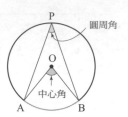

　　如下圖的圓 O 所示，分別求出 ∠x 與 ∠y 的大小。

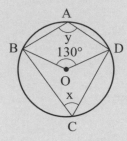

## 02 圓周角的性質

在圓中，同一弧的圓周角大小皆相同，也就是說∠APB = ∠AQB = ∠ARB。半圓的圓周角大小是 90°。

值得注意的是，以直徑為一邊，所畫出的圓內接三角形為直角三角形。

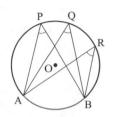

---

**實戰演練 26-2**

分別求出下圖圓中 ∠x，∠y 的大小（$\overline{CD}$ 是圓的直徑）。

(1)
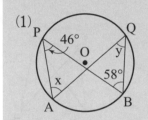

(2)
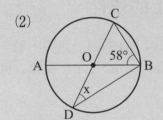

---

## 03 圓周角的大小與弧長

一個圓或全等的兩個圓中，長度相同的弧，其圓周角大小相等，當 $\overparen{AB} = \overparen{CD}$ 時，則 ∠APB = ∠CQD。

大小相同的圓周角，其弧長也相等，當∠APB = ∠CQD 時，則 $\overparen{AB} = \overparen{CD}$。

值得注意的是，圓周角的大小雖與弧長成正比，但不與弦長成正比。

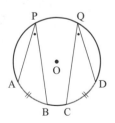

## 實戰演練 26-3

求出下圖圓 O 中，∠x 的大小。

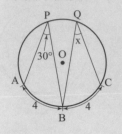

## 04 四點在一圓上的條件

　　當兩點 C、D 在直線 AB 的同一側時，若
∠ACB = ∠ADB，四個點 A、B、C、D 就都在圓上，
反之亦同。

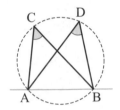

## 實戰演練 26-4

如圖，點 A、B、C、D 在一圓上，求出下列 ∠x 的大小。

⑴
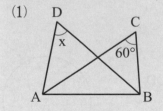

⑵
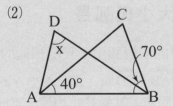

# 05 圓內接四邊形

在圓內接四邊形上，有一對對角和為 180° 的對角（∠A + ∠C = 180°，∠B + ∠D = 180°），即符合圓內接四邊形性質。

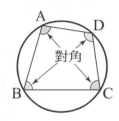

---

### 實戰演練 26-5

如圖，當□ABCD 是圓內接四邊形時，分別求出 ∠x，∠y 的大小。

(1)
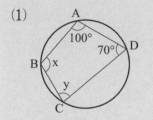

(2)
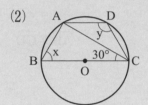

---

# 06 切線與弦形成的角

切線與弦形成的角：圓的切線與經過其切點的弦形成的角的大小，與其角內部的弧的圓周角大小相同（∠BAT = ∠BCA）。若 ∠BAT = ∠BCA，則 $\overleftrightarrow{AT}$ 是圓的切線。

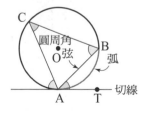

兩圓中，切線與弦形成的角在圓的交點 T 上，$\overleftrightarrow{PQ}$ 為切線時，會發生下列兩種情況。

①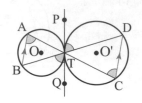

$$\angle BAT = \angle BTQ$$
$$= \angle DTP$$
$$= \angle DCT$$
$$\rightarrow \overline{AB} \parallel \overline{CD}$$

②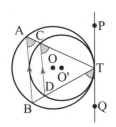

$$\angle BAT = \angle BTQ$$
$$= \angle DCT$$
$$\rightarrow \overline{AB} \parallel \overline{CD}$$

---

## 實戰演練 26-6

如圖所示，$\overleftrightarrow{AT}$ 是圓的切線，當點 A 是其切點時，分別求出 ∠x，∠y 的大小。

(1)

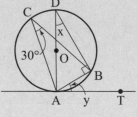

(2)

## 實戰演練 26-7

如下圖，$\overleftrightarrow{PQ}$ 是經過兩圓交點的共同切線，且當點 T 為其切點時，求出 ∠x 的大小。

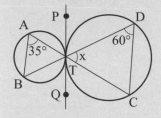

**畢氏定理**

1. 下列為直角三角形 ABC，請求出 $\overline{AB}$ 的長度。

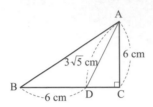

2. 如下圖所示，當 $\overline{OA} = \overline{AB} = \overline{BC} = \overline{CD} = \overline{DE} = \overline{EF}$，
   ∠A = ∠OBC = ∠OCD = ∠ODE = ∠OEF = 90°，且 $\overline{OA} = 1\text{cm}$ 時，求出
   $\overline{OF}$ 的長度。

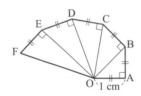

3. 在下列長 5cm、寬 3cm 的長方形紙張中，將對角線 BD 摺起時，求出
   $\overline{FD}$ 的長度。

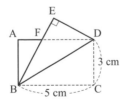

4. 當下列等腰梯形 ABCD 的 $\overline{AD} = 4cm$、$\overline{AB} = \overline{CD} = 5cm$、$\overline{BC} = 10cm$ 時，求出該圖形的面積。

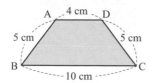

5. 三邊長分別為 n、n + 3、n + 6 的三角形，求出能讓該三角形成為直角三角形時的 n 值 (n > 0)。

邏輯題

6. 畫出如下圖邊長 6cm 的正方形，且內接頂點為 A、E、F 的正三角形時，求出 $\overline{BE}$ 的長度。

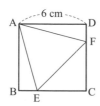

7. 當以下正六面體底面的兩條對角線交點 M，與頂點 D 之間的距離是 $2\sqrt{6}$ cm 時，求出正六面體的邊長。

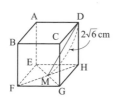

8. 下列正方形 ABCD，$\overline{AP} = \overline{BQ} = \overline{CR} = \overline{DS} = 1\text{cm}$、
$\overline{AS} = \overline{BP} = \overline{CQ} = \overline{DR} = 2\text{cm}$ 時，求出四邊形 PQRS 的周長。

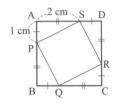

9. 如圖，以直角三角形 ABC 各邊各畫出一個正三角形。當兩個正三角形 ACDE 與 CBHI 的面積分別為 16cm²、8cm² 時，求出正方形 AFGB 的面積。

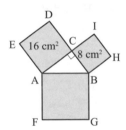

## 畢氏定理與四邊形

10. 下圖是長方形 ABCD 內部的一點 P，當 $\overline{PA} = 8$、$\overline{PD} = 2\sqrt{11}$ 時，求出 $\overline{PB}^2 - \overline{PC}^2$ 的值。

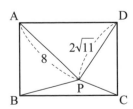

11.如下圖，∠A = 90° 且 $\overline{BC}$ = 10、$\overline{CD}$ = 7、$\overline{BE}$ = 8 的△ABC，求出 $\overline{DE}$ 的
　　長度。

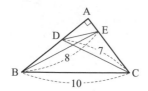

## 正方形的對角線長

12.以下為邊長 8cm 的正方形，求出其外接圓的半徑長。

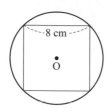

## 正三角形的高度與面積

13.如圖所示，當正三角形 ABC 的頂點 A，往下畫一垂線到 $\overline{BC}$ 的點為 D
　　時，畫出以 $\overline{AD}$ 為一邊的正三角形 ADE。當△ADE 面積為 $12\sqrt{3}\ cm^2$
　　時，求出△ABC 的邊長。

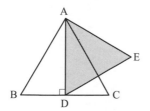

### 立體圖形的高與體積

14. 下列為邊長 6cm 的正六面體,沿著頂點 B、G、D 剪出一個平面時,
    求出頂點 C 到△BGD 的距離。

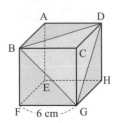

15. 以下為一圓錐的展開圖,試問該圓錐的體積為何。

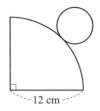

### 三角函數的值

16. 以下為邊長 10cm 的正六面體,當其對角線 AG 與底面的對角線 EG
    形成的角之大小為 x 時,求出 cosx 的值。

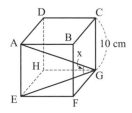

## 直角三角形的邊長

17.以下是三角形 ABC，當∠B = 45°、∠C = 60°、$\overline{BM} = \overline{CM}$，且 $\overline{BC}$ = 12cm
時，求出 $\overline{CH}$ 的長。

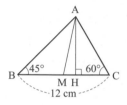

## 三角形的高與面積

18.在下圖的三角形 ABD 中，若∠B = 15°、$\overline{AD}$ = 1、$\overline{AC} = \overline{BC}$ 時，求出
tan75° 的值。

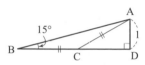

邏輯題

19.下圖三角形 ABC，∠ABC = 60°、∠ACB = 45° 且頂點 A 往下畫一垂足
至 $\overline{BC}$ 上的點為 D。抓出 $\overline{AB}$ 延長線上 $\overline{BE} = \overline{BD} = 1$ 的點 E 時，求出
下列問題的答案：(1)$\overline{AC} + \overline{DE}$ 的值，(2)△CDE 面積。

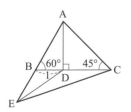

### 四邊形的面積

20.求出下列四邊形 ABCD 的面積。

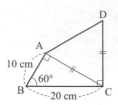

21.當以下 □ABCD 的面積是 $18\sqrt{2}$ 時，求出兩對角線形成的銳角大小。

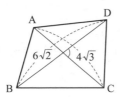

### 弦的垂直等分線

22.當下列圓的 $\overline{AB} \perp \overline{OH}$，且 $\overline{AB} = 6cm$、$\overline{CH} = 6cm$ 時，請求出圓 O 的半徑長。

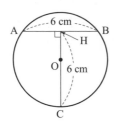

## 圓與切線

23.以下 $\overrightarrow{AE}$ ， $\overrightarrow{AF}$ 是圓的切線，且點 E、F 是切點。∠BAC = 60°、$\overline{AO}$ = 12 時，求出△ABC 的周長。

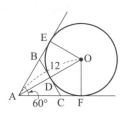

## 三角形的內切圓

24.當△DEF 有內接一圓，三切點分別為 A、B、C，且 $\overline{DE}$ = 14cm、 $\overline{EF}$ = 10cm、$\overline{FD}$ = 12cm 時，求出 $\overline{AD}$ 的長度。

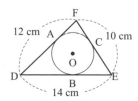

## 圓外切四邊形

25.如下圖所示，在圓 O 外切四邊形 ABCD，當其∠A = ∠B = 90°，且 $\overline{AB}$ = 10cm、$\overline{CD}$ = 16cm 時，求出▱ABCD 的面積。

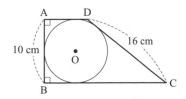

### 圓周角與中心角、圓周角的性質

26.$\overline{AB}$ 與 $\overline{CD}$ 是圓 O 的直徑，當∠AOD = 74° 且 $\overline{CE}$ 是∠ACB 的等分線時，求出∠DCE 的大小。

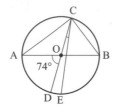

### 圓周角的大小與弧長

邏輯題

27.當 $\overparen{AB}$ 長是圓周的 $\dfrac{1}{4}$，且 $\overparen{CD}$ 的長是 $\overparen{AB}$ 長的 $\dfrac{5}{3}$ 時，求出∠APB 的大小。

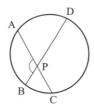

### 切線與弦形成的角

28.圓 O 是△ABC 的內切圓，也是△DEF 的外接圓，求出∠ACB − ∠ABC 的值。

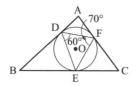

解題之鑰

3. 沿著對角線 BD 摺起，角度大小相同。

5. 依據畢氏定理成立的三角形是直角三角形。

6. 利用直角三角形的全等條件與畢氏定理，求出 $\overline{BE}$ 的長度。

15.先利用圓錐側面的扇形中心角以及半徑長，求出底面圓的半徑長。

16.分別求出 $\overline{AG}$ 與 $\overline{EG}$ 的長。

17.利用 $\overline{BC} = \overline{BH} + \overline{CH}$。

19.在知道△ABC 的兩邊長分別為 a、b 與其夾角∠C 的情況下，△ABC 的

面積就是 $\dfrac{1}{2}ab\sin C$。

21.□ABCD = △ABC + △ACD。

23.$\overline{BE}$，$\overline{BD}$ 是從點 B 到圓 O 的切線，所以 $\overline{BE} = \overline{BD}$，同理 $\overline{CD} = \overline{CF}$。

25.圓外切四邊形 ABCD 的四邊之間，$\overline{AD} + \overline{BC} = \overline{AB} + \overline{CD}$ 成立。

26.一圓中的弧，其圓周角的大小是其中心角大小的 $\dfrac{1}{2}$。

27.弧長根據圓周角的比例，因此求出 $\overparen{AB}$，$\overparen{CD}$ 的圓周角大小。

第 **7** 章

# 機率與統計

# 27　機率

## 01 事件與情況

　　事件是指在同一條件下，根據實驗或觀察得出的結果。情況指的是某一事件發生的結果，又分為加法原理和乘法原理。

　　加法原理：兩事件 A 與 B 非同時發生時，事件 A 與事件 B 發生的情況分別為 m、n 時，事件 A 與事件 B 發生的情況為 m＋n（種）。乘法原理：事件 A 發生的情況是 m，如果事件 B 發生的情況是 n 的話，兩事件 A 與 B 同時發生的情況為 m×n（種）。

　　值得注意的是，加法原理一般以「或」、「或者」表示；乘法原理則是用「同時」、「以及」。

### 實戰演練 27-1

當 50 元與 100 元硬幣各有四個時，求出支付 300 元的所有可能情況。

### 實戰演練 27-2

丟擲兩個不同的骰子時，求出骰子點數是 2 或 5 的可能情況。

### 實戰演練 27-3

三名學生玩剪刀石頭布的遊戲，請求出所有可能情況。

## 02 各種情況 1

數一行人的公式如下：$n(n-1) \times (n-2) \times \cdots \times 2 \times 1$。n 位人中，選出兩位的公式如下：$n(n-1)$。

若要求一行人相鄰的情況，舉例來說，數 A、B、C、D 一行四人時，求出 B 與 C 相鄰的情況是 $3 \times 2 \times 1 = 6$（種），而若要數 B 與 C 位置互換的情況是 $2 \times 1 = 2$（種），最後，若要求前兩者同時發生的情況，將兩者相乘即可：$6 \times 2 = 12$（種）。

### 實戰演練 27-4

國語、英文、數學、社會、自然五個科目的教科書放在書櫃上，求出擺放的所有情況。

### 實戰演練 27-5

在七位手球選手中選出兩位，求出其情況為何？

### 實戰演練 27-6

有四位男學生及兩位女學生，若兩位女學生要相鄰，請求出其情況為何？

## 03 各種情況 2

不同的數字分別寫在 n 張卡片上，在不包含 0 的情況下，選出兩張組合成兩位數自然數的個數公式為：n(n−1)。在包含 0 的情況下，選出兩張組合成兩位數自然數的個數公式為：(n−1)×(n−1)。

n 位中，選出擁有不同資格的兩位為代表的公式如下：n(n−1)。n 位中，選出擁有相同資格的兩位為代表的公式如下：$\dfrac{n \times (n-1)}{2}$。

不在一直線上的 n 個點中，如果要求出兩點連成一線段的個數，其公式是 $\dfrac{n \times (n-1)}{2}$（個）。另外，若要求出三點連接成三角形的個數，其公式是 $\dfrac{n \times (n-1) \times (n-2)}{3 \times 2 \times 1}$（個）。

### 實戰演練 27-7

在分別寫下 0、1、2、3、4 的五張卡片中，選出三張組合成三位數的自然數，求出其自然數的個數。

### 實戰演練 27-8

在六位候選人 A、B、C、D、E、F 中，選出三位代表時，求出一定會選出 C 的情況。

## 實戰演練 27-9

一個圓上有不同的五個點，求出下列個數：(1) 兩點連成一線的線段個數，(2) 三點連接成三角形的個數。

# 04 機率的含意與性質

機率是指在某一實驗或觀察中，當可能發生的所有機率為 n、事件 A 會發生的機率為 a 時，事件 A 發生的機率為 P：

$$P = \frac{（事件 A 發生的機率）}{（所有機率）} = \frac{a}{n} 。$$

當任一事件發生的機率為 P 時，$0 \leq p \leq 1$；一定會發生的事件，其機率為 1；絕對不會發生的事件，其機率為 0。

若要求出任一事件不發生的機率，當事件 A 發生的機率為 P 時，事件 A 不會發生的機率為 $1 - P$。

值得注意的是，在相同條件下，進行多次實驗或觀察，事件 A 發生的相對次數接近某一定值時，該定值即為事件 A 發生的機率。

## 實戰演練 27-10

口袋中有四顆白球、三顆黑球、一顆黃球，當掏出一顆球時，拿出白球的機率是多少？

---

### 實戰演練 27-11

將 1 到 30 的自然數分別寫在 30 張卡片上時,求出下列情況:(1) 卡片上的數字是 3 的倍數的機率;(2) 卡片上的數字不是 3 的倍數的機率。

---

# 05 機率的計算 1

機率的加法:假設兩事件 A 與 B 不同時發生,當事件 A 與事件 B 發生的機率分別為 p、q 時,事件 A 或事件 B 發生的機率為 p + q。

機率的乘法:假設兩事件 A 與 B 彼此不影響,當事件 A 與 B 發生的機率分別為 p、q 時,兩事件同時發生的機率為 p × q。

舉例而言,口袋裡有三個紅珠、四個黃珠、五個藍珠,當掏出一顆珠時,是紅珠或黃珠的機率為 $\frac{3}{12} + \frac{4}{12} = \frac{7}{12}$。另外,同時擲出一枚銅板與一顆骰子時,銅板正面、骰子是 3 的倍數的機率為 $\frac{1}{2} \times \frac{1}{3} = \frac{1}{6}$。

---

### 實戰演練 27-12

將 1 到 10 的自然數分別寫在 10 張卡片上,選出一張時,卡片上的數字為 3 的倍數或 5 的倍數的機率是多少?

---

**實戰演練 27-13**

將兩顆骰子 A、B 同時擲出，A 骰子出現偶數、B 骰子出現 6 的因數的機率是多少？

# 06 機率的計算 2

　　若要求出連續選出的機率：第一，抽出後再次放入，（第一次抽出時的全體機率）＝（之後被抽出的全體機率），也就是說，最初的事件不會影響之後的事件。第二，抽出之後不再放入，（第一次抽出時的全體機率）≠（之後被選出的全體機率），也就是說，最初的事件會影響之後的事件。

　　舉例來說，將三顆白球、四顆黑球放入袋子裡，連續抽出兩顆球，且兩顆都是白球的機率如下：初次抽出的球再次放入時：$\dfrac{3}{7} \times \dfrac{3}{7} = \dfrac{9}{49}$；初次抽出的球，不再放入時：$\dfrac{3}{7} \times \dfrac{2}{6} = \dfrac{1}{7}$。

　　將所有機率視為圖形的整體面積，並將某一事件發生的機率，視為該事件的部分面積，求出其機率。

　　即，（圖形的機率）＝ $\dfrac{（該當事件的部分面積）}{（圖形的整體面積）}$。

**實戰演練 27-14**

在十個籤中,有三個是中獎籤。如果以下列方式連續抽兩支籤時,
兩支都是中獎籤的機率是多少?
(1) 最初抽出的籤,再次放入後再抽第二支籤時
(2) 最初抽出的籤,不再放入的抽第二次籤時

**實戰演練 27-15**

如下圖所示,朝八等分的轉盤射出兩隻箭時,兩次都射中相同顏色
的機率是多少(箭不會超出轉盤或交接處)?

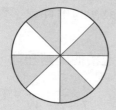

## 28 統計

### 01 次數分配表、直方圖及多邊圖

幹葉圖是指利用枝與葉呈現資料的圖。

次數分配表有以下相關名詞定義：

① 變量：資料以數量呈現。

② 組：變量依據一定間距形成的區間。

③ 組距：區間的幅度，即區間的一定間距。

④ 次數：各組的變量個數。

⑤ 組值：代表組的值爲各組兩端值的中位數其公式爲：

$$（組值）= \frac{（組的兩端值和）}{2}。$$

⑥ 次數分配表：資料分成幾個組，調查各組次數，整理出的表。

直方圖的橫軸表示次數分配表的各種端值、縱軸表示次數，繪製出呈現出長方形的圖。

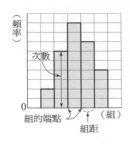

直方圖的特徵爲各個長方形的面積與該組次數成正比：

$$（長方形面積和）=（組距）×（該組的次數和）$$
$$=（組距）×（次數的總和）。$$

215

多邊圖是指將直方圖各個長方形上端的中點依序連接成圖表，其特徵為（多邊圖與橫軸包住的部分之面積）＝（直方圖的面積和）。值得注意的是，繪製多邊圖時，在兩端分別加上次數是 0 的組，在其中間點上一點，並將這些點以線段連接起來。

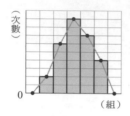

---

**實戰演練 28-1**

下列次數分配表是允瑞班上 35 位學生的投擲調查紀錄，請回答以下問題。

⑴ 求出組距。

⑵ 求出 A 值。

⑶ 求出次數最大的組的組值。

⑷ 求出投擲紀錄不滿 30m 的學生人數。

| 投擲距離（m） | 人數（位） |
|---|---|
| 0 以上～10 未滿 | 2 |
| 10 ～ 20 | 6 |
| 20 ～ 30 | 10 |
| 30 ～ 40 | A |
| 40 ～ 50 | 5 |
| 50 ～ 60 | 4 |
| 合計 | 35 |

**實戰演練 28-2**

下列次數分配直方圖是調查敏熙班上學生一天看電視的時間,請試
著回答以下問題。

(1) 求出組的個數。

(2) 求出看電視時間 50 分鐘以上、未滿 60 分鐘的人數。

(3) 求出次數最大組的組值。

(4) 求出看電視時間超過 60 分鐘的學生,占全體學生的幾%。

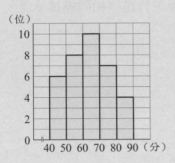

**實戰演練 28-3**

下列是正民班上的 40 位學生數學成績的折線圖,但有一部分遺失
了。若數學成績 80 分以上、未滿 90 分的學生數,是 90 分以上、未
滿 100 分的學生數的兩倍時,求出數學成績 70 分以上、未滿 80 分
的學生數。

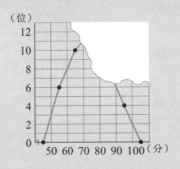

# 02 相對次數

全體次數中，若要求出各組的次數比例，其公式為：

$$（相對次數）= \frac{（各組的次數）}{（次數的總和）}。$$

相對次數的特徵如下，相對次數和經常為 1，且各組的相對次數與該組次數成正比。

相對次數分配表與直方圖、或多邊圖，皆是以相同模樣呈現。

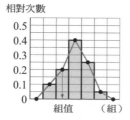

（相對次數分配表與橫軸包圍部分的面積）
=（組距）×（相對次數總和）=（組距）

## 實戰演練 28-4

以下的相對次數分配折線圖，是希研班上學生在一年內閱讀的書籍本數，請回答下列問題。

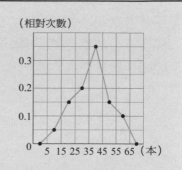

(1) 求出閱讀 22 本書的學生所屬的組別的相對次數。

(2) 求出閱讀 45 本書以上的學生，占全體學生的幾 %。

(3) 若有八位學生閱讀 25 本以上、未滿 45 本時，求出希研班上的學生人數。

(4) 求出相對次數最大的組的人數。

# 03 代表值

代表值是指資料的全體特徵由一數呈現的值。平均指的是變化總和除以變量個數的值，其公式為：平均 $= \dfrac{（變量）的總和}{（變量）的個數}$。

中位數是指資料從小的值開始羅列時，位於中間的值。當資料個數是 n 且 n 為單數時，第 $\dfrac{n+1}{2}$ 個資料的值即為中位數。例如，資料值是 4、5、5、6、8、9、9 時，中位數是 6；而當資料個數是 n，且 n 為偶數時，第 $\dfrac{n}{2}$ 個與第 $(\dfrac{n}{2}+1)$ 個資料的值的平均便是中位數。比如，資料值是 2、3、3、4、5、6、8、9 時，中位數是 $\dfrac{4+5}{2}=4.5$。

眾數指的是變量中出現最多的值。當資料的值中，有一個以最大的值時，該數值正代表全部的眾數。比方說，當資料值是 4、7、2、7、6、5、7 時，眾數即是 7。另外，如果各資料的值全部相同，那就表示沒有眾數。例如，當資料值是 5、5、5、5、5、5、5 時，即沒有眾數。

**實戰演練 28-5**

下列資料的平均是 8，求出 a + b 的值。

| 6 | a | 7 | b | 12 | 8 | 9 |
|---|---|---|---|----|---|---|

下列是夏英班上男學生與女學生的書寫工具數。男學生的書寫工具的個數中位數是 a、女學生的書寫工具的個數的眾數是 b 時,求出 b-a 的值。

| 男學生 | 3 | 5 | 1 | 2 | 4 | 6 | 4 | 5 |
| --- | --- | --- | --- | --- | --- | --- | --- | --- |
| 女學生 | 8 | 9 | 6 | 5 | 7 | 8 | 3 | 8 |

# 04 離散程度

離散程度:全體資料以代表值為中心分散程度,以一個數字呈現的值。離差:資料的一個變量 → (離差) = (變量) - (平均)。

分散程度:各離差相乘的和除以全體變量個數的值,即離差相乘的平均 → (離散程度) = $\dfrac{(離差)^2 的總和}{(變量) 的個數}$ 。

標準差:離散量的平方根 → (標準差) = $\sqrt{(離散程度)}$ 。

離差和經常為 0。比平均大的變量離差是正數,比平均小的變量離差是負數。

離散程度與標準差越小,變量的平均越相近,因此離散與標準離差越小的資料,可以說其分布狀態平均。離散程度沒有單位時,標準差為變量單位。

**實戰演練 28-7**

下列資料是敏正的四次數學平均分數，請回答以下問題。

(1) 求出敏正數學成績的平均分數。

(2) 求出離散程度。

(3) 求出標準差。

| 次數 | 1 | 2 | 3 | 4 |
|------|---|----|---|---|
| 分數 | 6 | 10 | 7 | 9 |

## 05 散布圖與相關係數

　　散布圖是指為了知道兩變量 x、y 之間的關係，將 x、y 以序對點（x, y）表示在座標平面上。

　　相關係數指的是兩變量 x、y 之間有什麼相關時，該關係就稱為相關係數。而相關係數又有分為下列三種。第一，正相關：x 值增加、y 值隨之增加的關係。第二，負相關：x 值增加、y 值隨之減少的關係。第三，零相關：x 值的變化，與 y 值的變化，沒有線性關係。

　　值得注意的是，在散布圖中，在對角線周圍的點越靠近，相關係數越大、越分散，相關係數的絕對值越小。

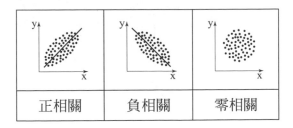

| 正相關 | 負相關 | 零相關 |
|--------|--------|--------|

**實戰演練 28-8**

下列是正善班上 20 位學生的國文成績與英文成績的散布圖，請回答以下問題。

⑴ 求出國語成績與英文成績相同的學生數。

⑵ 求出國語成績 70 分的學生，其英文成績的平均。

⑶ 求出國語成績與英文成績全部 80 分以上的學生，占全體學生的幾％。

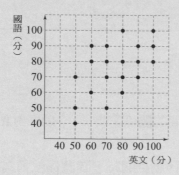

# 第27～28天　單元總整理題型

**事件與情況**

1. 求出滿足 $2x + 3y = 20$ 的自然數 x、y 的序對 (x, y) 個數。

2. 100 元銅板四個與 50 元銅板兩個，問兩種銅板各支付一個以上的金額種類總共有幾種。

3. 一個骰子連續投擲兩次時，兩次點數合計為四的倍數的情況為何？

4. 下圖是 A、B、C 三個城市的連結，求出從 A 城市到 C 城市的情況（已經過一次的城市，不會再重複經過）。

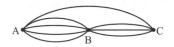

**各種情況 1**

5. 當在錫、昭旻、鍾國、智孝、光洙五個人排排站時，求出在錫在最前面、昭旻在最後面的情況為何？

6. 五個學生 A、B、C、D、E 排成一列，若 A、B、C 相鄰，求出其所有情況。

**各種情況 2**

邏輯題

7. 將 1、2、3、4 分別寫在四張卡片上，抽出三張後可組成三位數的自然數，由小到大羅列時，求出第 15 個數為何。

8. 如下圖所示，平行的兩直線上有點 A、B、C、D、E，求出其中兩點
   連接後的線段個數。

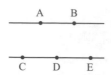

9. 有八支隊伍參加國中青少年足球比賽，若要讓每支隊伍與其他各隊都
   比過一場，求出全部要舉辦幾場賽事？

**機率的含意與性質**

10.同時投擲 A、B 兩個骰子時，骰子數分別為 x、y，求出 $x + 2y \geq 12$ 的
   機率。

11.一個銅板投擲三次時，求出最少出現一次正面的機率。

**機率的計算 1**

12.某客運預定在下午兩點發車，準時出發的機率是 $\dfrac{2}{3}$，比預定晚出發的

   機率是 $\dfrac{1}{5}$。求出該客運連續兩天比預定時間早出發的機率。

13.A 袋中有四顆白球、兩顆黑球，B 袋中有三顆白球、四顆黑球。秀賢
   分別從 A 袋、B 袋中拿出一顆球，試問兩顆球不同色的機率是多少？

14.有兩個不同的銅板，與一個骰子同時投擲時，銅板全部是正面、骰子
   出現質數的機率是多少？

15. 命中率是 $\frac{3}{4}$、$\frac{2}{3}$ 的兩位獵人，同時朝一隻野豬開槍時，這隻野豬中槍的機率是多少？

## 機率的計算 2

16. 袋中七個籤中，有兩個是中獎籤，當善英與敏善依序抽出一個籤時，兩人中僅有一人抽到中獎籤的機率是多少（抽出的籤不再放入）？

## 次數分配表、直方圖及多邊圖

17. 下列關於次數分配表的說明，何者錯誤？
    ① 以資料數量呈現的變量。
    ② 分組是以一定間隔的變量區分出區間。
    ③ 各組的變量個數是組距。
    ④ 各組兩端值得中位數是組值。
    ⑤ 資料分成幾個組別，調查各組次數後整理出次數分配表。

18. 下列圖表為秀賢班上 40 位學生的英文成績直方圖，但有部分遺失了。當未滿 80 分的學生占全體 70％ 時，請問分數在 70 分以上、未滿 80 分的學生人數為何？

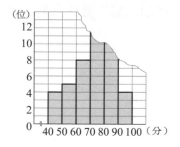

19.如下圖，是某班級學生美術成績的折線圖。成績在班上前 10%的學生可以取得校內美術比賽的參加資格，請問最少要幾分以上才能參加美術比賽？

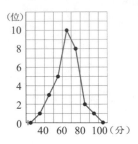

**相對次數**

20.下表為某班學生家庭人數調查的部分相對次數分配表，請問□內正確的數字為何。

| 人數（位） | 次數（次） | 相對次數 |
|:---:|:---:|:---:|
| 2 | 2 | 0.05 |
| 3 | 4 | □ |

21.次數總和比為 3：2 的某兩個圖。調查同一條件分組的相對次數分配表的次數，當某一組次數相同時，試問兩圖的相對次數比為何。

邏輯題

22.右頁圖是 A 國中一年級學生 300 位、B 國中一年級的學生 500 位的體重相對次數分配折線圖，請選出下列正確的選項。

(a) A 國中學生比 B 國中學生重。

(b) A 國中學生與 B 國中學生的相對次數和相同。

(c) 兩個圖表由橫軸圍成部分的面積是 B 國中大。

(d) B 國中比 A 國中多出 110 位體重 55kg 以上的學生人數。

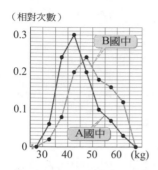

## 代表值

23.下列八項資料的平均與眾數相同時，求出 x 值（有一個眾數）。

| 7 | 8 | 6 | 8 | 9 | x | 4 | 7 |

24.有四個變量 17、14、24，x 的中位數是 18 時，求出 x 值。

## 離散程度

邏輯題

25.下表是某數學評鑑的分數。當平均分為 8 分，且離散為 1.2 時，求出 b − a 值。

| 分數（分） | 6 | 7 | 8 | 9 | 10 |
|---|---|---|---|---|---|
| 學生人數（位） | 1 | a | b | 2 | 1 |

### 散布圖與相關係數

26.下列兩變量之間，何者為負相關？

　　① 到學校的距離與通勤時間。

　　② 夏季氣溫與冷氣銷售量。

　　③ 一天中白天的長度與夜晚的長度。

　　④ 學習時間與學業成績。

　　⑤ 豬肉價格與蔬菜價格。

27.下圖為瑞希學校學生的身高與體重散布圖，試問下列說明何者有誤。

　　① 一般而言，身高與體重是正相關。

　　② 相較於學生 A 與學生 B 的體重，他們的身高算高的。

　　③ 學生 C 的體格大致趨近標準。

　　④ 學生 D 比學生 C 的體重還重。

　　⑤ 學生 E 比學生 A 高。

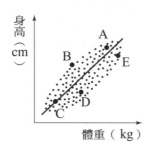

---

解題之鑰

6. 改變相鄰位置的情況，與相鄰一行的情況相同。

7. 滿足條件的自然數個數，從小數字開始分別求得。

8. 三點 C、D、E 在同一直線上，所以三點中有兩點，都是相同的直線。

12.兩天連續是兩者相乘。

13.要抽出兩顆不同顏色的球，就必須從 A 袋抽出白球、B 袋抽出黑球，或是從 A 袋抽出黑球、B 袋抽出白球。

15.若要射中野豬，兩人中至少有一人射中才行。

16.第一次抽出的，之後就不會再抽中，所以第一次與之後的條件不同。

19.先求出全體學生人數後，再找出屬於 10%的次數。

23.利用一個眾數，可求出 x 的值。

24.在四個變量中，當中位數是 18 時，x 值會比 14 多、比 24 小。

25.離散是各離差平方和除以全體次數的值，即為離差平方的平均。

26.當一變量增加，另一變量減少時，就是負相關。

# 附錄 數的運算考古題

1. $\dfrac{5}{2} \div (-\dfrac{1}{2})^2$ 的值？【2分】
   ① $-10$ ② $-5$ ③ $2$ ④ $5$ ⑤ $10$

2. 求出 $24$、$2^2 \times 3 \times 5$、$2^2 \times 3^2 \times 7$ 的最小公倍數。【3分】
   ① $2^3 \times 3$ ② $3 \times 5 \times 7$ ③ $3^2 \times 5 \times 7$ ④ $2^2 \times 3^2 \times 5 \times 7$ ⑤ $2^3 \times 3^2 \times 5 \times 7$

3. 當 a 的正平方根是 $\sqrt{6}$，且 12 的負平方根是 b 時，問 $\dfrac{a}{b}$ 的值？【3分】
   ① $-\sqrt{3}$ ② $-\sqrt{2}$ ③ $-1$ ④ $\dfrac{-\sqrt{2}}{2}$ ⑤ $\dfrac{-\sqrt{3}}{3}$

4. $\sqrt{(\dfrac{1}{2}-12)^2} - \sqrt{(\dfrac{1}{2}+10)^2}$ 的值？【3分】
   ① $1$ ② $2$ ③ $3$ ④ $4$ ⑤ $5$

5. $\sqrt{18} - 4\sqrt{2} + \sqrt{2}$ 的值？【2分】
   ① $-2\sqrt{2}$ ② $-\sqrt{2}$ ③ $0$ ④ $\sqrt{2}$ ⑤ $2\sqrt{2}$

6. $a = \sqrt{3} - 1$、$b = \sqrt{3} - 2$ 為兩個無理數，問 $\sqrt{a^2} + \sqrt{b^2}$ 的值？【3分】
   ① $1$ ② $\sqrt{3}$ ③ $2$ ④ $3$ ⑤ $2\sqrt{3}$

7. 分數 $\dfrac{n}{2^4 \times 7}$ 轉化成小數時，會是有限小數。問可成為 n 值的兩位數自然數中，最小的是？【3分】
   ① $11$ ② $12$ ③ $13$ ④ $14$ ⑤ $15$

8. 如下圖，某學生從 A 點出發，依據下圖的路線行走，在交叉路口選旗幟上數字最大的路走，最終這學生到達的地方是？【3 分】

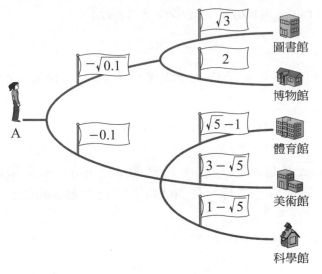

① 圖書館　② 博物館　③ 體育館　④ 美術館　⑤ 科學館

9. 一個重量 75g 的餅乾有 a 個，以及一個重量 120g 的飲料有 b 個，a + b 的極值是（a 與 b 是自然數）？【3 分】
　①12　②13　③14　④15　⑤16

10. 如下圖所示，以垂足上的點 A 為一頂點，形成一個面積為 5 的正方形 ABCD。以點 A 為中心，線段 AB 為半徑畫一個圓，當這個圓與垂線的交點分別為 P(a)、Q(b) 時，問 ab 值為？【3 分】

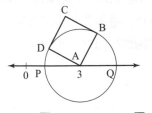

　①$2\sqrt{3}$　②4　③$2\sqrt{5}$　④$3\sqrt{5}$　⑤7

11. 不是 1 的自然數 n 在質因數分解時，假設質因數 2 相乘的個數 A(n)、質因數 3 相乘的個數 B(n)。舉例來說，因為 $12 = 2^2 \times 3$，A(12) = 2、B(12) = 1，所以 A(180) + B(180) 的值是多少？【3 分】

① 3　② 4　③ 5　④ 6　⑤ 7

12. 正數 a 的小數部分以 <a> 表示時，請問滿足 <a> = <100a> 的 a 值為何？【3 分】

① $3.5\dot{3}$　② $9.\dot{2}3\dot{5}$　③ $12.31\dot{4}$　④ $17.\dot{9}\dot{1}$　⑤ $21.1\dot{4}\dot{5}$

13. 自然數 n，假設 $\sqrt{na}$ 是自然數，最小自然數 a 是 f(n)，舉例來說 f(3) = 3、f(4) = 1，試問 f(n) = 2 時，在 300 以下的自然數 n 的個數有幾個？【4 分】

① 10　② 12　③ 14　④ 16　⑤ 18

14. 如下圖，沿著實線剪下目測長度為 1 的方格，將剪下後的五片組成 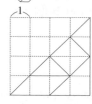 的圖形時，請問此圖形的周長是？【3 分】

① $8 + 2\sqrt{2}$　② $8 + 4\sqrt{2}$　③ $10 + 4\sqrt{2}$　④ $8 + 6\sqrt{2}$　⑤ $10 + 6\sqrt{2}$

15. 如右頁圖所示，$\overline{AC} = 2$、∠C = 90° 的直角三角形 ABC，其兩頂點 B、C 分別對應到數線上的 1、2。直角三角形 ABC 隨著數線以順時鐘的方向滾動，請問頂點 C 與數線再度相遇的點座標為何？【3 分】

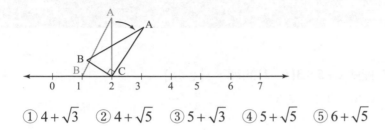

①$4+\sqrt{3}$　②$4+\sqrt{5}$　③$5+\sqrt{3}$　④$5+\sqrt{5}$　⑤$6+\sqrt{5}$

16.比 10 小的兩個自然數 a、b，$\dfrac{15}{22}$ 以小數呈現時是 $0.6\overset{..}{ab}$。求出 $10a+b$ 的值。【3分】

17.自然數 a、b，兩數 $\dfrac{12}{a}$、$\dfrac{18}{a}$ 可為自然數的 a 值中，最大數是 A，兩數 $\dfrac{b}{12}$、$\dfrac{b}{18}$ 可為自然數的 b 值中，最小數是 B 時，求出 $A+B$ 的值。【3分】

18.求出兩數 $\sqrt{7}-7$ 與 $7-\sqrt{7}$ 之間的整數個數。【4分】

19.當 $\sqrt{\dfrac{288}{n}}$ 會成為比 1 大的自然數時，求出自然數 n 的最大值。【3分】

20.三個數 $\sqrt{2x}$、$\sqrt{3x}$、$\sqrt{4x}$ 皆為無理數，且在 100 以下，求出自然數 x 的個數。【4分】

21.滿足下列條件的兩位數自然數 a、b 的所有序對 $(a, b)$ 的個數。【4分】
(a) $a+b$ 是 24 的倍數。
(b) $\sqrt{a+b}$ 是自然數。

# 附錄　代數考古題

1. 求出一次方程式 $x+5=3(x-1)$ 的解。【2分】
　①4　②5　③6　④7　⑤8

2. 一次方程式 $x-5 \leq 7$ 的解中，求自然數的個數。【2分】
　①10　②11　③12　④13　⑤14

3. 兩個自然數 a、b。當 $(7^3 \times 9)^3 = 7^a \times 3^b$ 成立時，a+b 值是？【3分】
　①11　②13　③15　④17　⑤19

4. 化簡 $x(2x+5)-x^2$。【2分】
　① $x^2+4x$　② $x^2+5x$　③ $x^2+6x$　④ $2x^2+5x$　⑤ $2x^2+6x$

5. 化簡 $\dfrac{x+3}{2} + \dfrac{2x-4}{3}$，並以 $Ax+B$ 呈現時，試問 $A-B$ 值為何（A、B 是常數）？【2分】
　① $-2$　② $-\dfrac{1}{3}$　③1　④ $\dfrac{4}{3}$　⑤2

6. 化簡多項式 $4x^2+3x-1-(2x^2-x-6)$ 時，x 的係數與常數項的和是？【2分】
　① $-9$　② $-5$　③0　④5　⑤9

7. 展開 $(x-2y)^2-(x+y)(x-y)$ 時，問 x、y 的係數？【2分】
　① $-6$　② $-4$　③0　④4　⑤6

8. 當 $a = 2x + y$、$b = x - 2y$ 時，將 $2(a - b) - (a - 3b)$ 以 $x$、$y$ 方式呈現的算式是？【3分】

① $x - 3y$　② $x - y$　③ $x + y$　④ $3x - y$　⑤ $3x + y$

9. 聯立方程式 $\begin{cases} 2x + y = 7 \\ 3x - 2y = 0 \end{cases}$ 的解，$x = a$，$y = b$ 時，問 $a + b$ 的值。【3分】

① 4　② 5　③ 6　④ 7　⑤ 8

10. 若將多項式 $x^2 + 6x + 8$ 因式分解，當 $(x + 2)(x + a)$ 時，常數 $a$ 值是多少？【3分】

① 1　② 2　③ 3　④ 4　⑤ 5

11. 當 $x + y = 6$、$x^2 + y^2 = 22$，$xy$ 值是多少？【3分】

① 5　② 6　③ 7　④ 8　⑤ 9

12. 求出多項式 $x^2 - 8x + a$ 成為配方法的常數 $a$ 的值。【3分】

① 4　② 8　③ 16　④ 36　⑤ 64

13. 二次方程式 $x^2 - 3ax + 6 = 0$ 的一根為 $a$ 時，正負 $a$ 值是多少？【3分】

① 1　② $\sqrt{2}$　③ $\sqrt{3}$　④ 2　⑤ $\sqrt{5}$

14. 下圖為邊長 1 的正方形，長每次增加 1、寬每次增加 2，疊加成為一個長方形。當長是 $x$、全體面積是 $y$ 時，下列 $y$ 之於 $x$ 的描述何者正確？【3分】

① $y = x^2$

② $y = x^2 + x$

③ $y = 2x^2 - x$

④ $y = 2x^2 + x$

⑤ $y = 3x^2 - 2x$

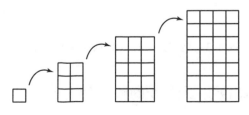

235

15. 世界杯足球現場轉播結束後，會有三分鐘的廣告。現在有 10 秒 a 個、20 秒 b 個、30 秒三個，共 10 個廣告，求出 a – b 的值（兩個廣告之間沒有空白時間）。【4分】

① – 3　② – 1　③ 1　④ 3　⑤ 5

16. 如下圖，有 $\overline{AB} = 2$、$\overline{BC} = 4$ 的長方形 ABCD。對角線 BD 上有一點 O，點 O 往四邊 $\overline{AB}$、$\overline{BC}$、$\overline{CD}$、$\overline{DA}$ 畫一垂直線，分別產生四個垂足端點 P、Q、R、S。長方形 APOS 與長方形 OQCR 的面積和是 3，且 $\overline{AP} < \overline{PB}$ 時，求出部分線段 $\overline{AP}$ 的長度。【4分】

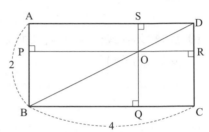

① $\dfrac{3}{8}$　② $\dfrac{7}{16}$　③ $\dfrac{1}{2}$　④ $\dfrac{9}{16}$　⑤ $\dfrac{5}{8}$

17. 如下列圖一所示，在邊長為 3x 的正方形色紙中，剪出一個梯形 A 與長方形 B。在不相疊的情況下，拼成寬為 2x – 2 的長方形（如圖二）。試問這一長方形的長是多少（x > 2）？【4分】

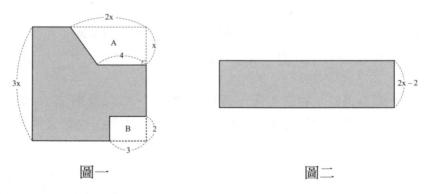

圖一　　　　　　　　　　　　圖二

① 3x + 3　② 3x + 4　③ 4x + 2　④ 4x + 3　⑤ 4x + 4

18. 求出 $9^2 \times (2^2)^2 \div 3^3$ 的值。【3分】

19.化簡多項式 $\frac{1}{2}(4x+3)+4(x-1)$ 時，求出 x 的係數。【3 分】

20.求出滿足 $(300-5)(300+1)+9=N^2$ 的自然數 N 的值。【3 分】

21.二次方程式 $x^2-8x+a=0$ 有重根，求出常數 a 的值。【3 分】

22.當二次方程式 $x^2-10x+a=0$ 一根為 2 時，假設另一根為 b，求出兩實數 a+b 的值。【3 分】

23.兩底邊長分別為 x、x+4，且高為 x 的梯形，其面積為 120 時，求出 x 的值。【3 分】

24.如圖，2 個邊長為 a 的正方形，以及 3 個邊長為 b 的正方形，組成一長方形 ABCD。當長方形 ABCD 的周長為 88 時，求出 a+b 的值。【3 分】

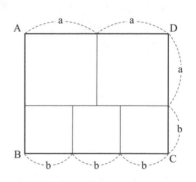

25.某一賣場中分別有商品 A 與商品 B，以定價銷售與以特價銷售時的單價格如下表。某一天，賣場內商品 A 與商品 B 都以特價販售，銷售額為 340,000 元，會比若以原價販售時少 140,000 元。試問這一天販售的商品 A 與商品 B 的數量分別是 a、b 時，求出 a+b 的值。【4 分】

|  | 商品 A | 商品 B |
|---|---|---|
| 定價 | 6000 元 | 4000 元 |
| 特價 | 5000 元 | 2000 元 |

26.考卷共有 30 個題目，各題配分分別為 2、3、4 分，某學生錯了 8 題，獲得 71 分。當對 3 分的題數比對 4 分的題數多 3 題時，求出這個學生答對 3 分題的題數。【4 分】

27.如圖，某一地區的土地為正方形 ABCD。邊 AD 上有使 $\overline{AE}$ = 5m 的點 E，以及邊 CD 上有使 $\overline{CF}$ = 3m 的點 F，兩者連成一直線。當五角形 ABCFE 面積 129m² 時，正方形 ABCD 的面積是 am²，求出 a 值。【4 分】

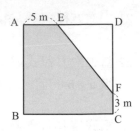

28.如圖所示，摺起正方形 ABCD 的邊 BC 上使 $\overline{BE}$ = 4 的點 E，以及邊 CD 上使 $\overline{CF}$ = 5 的點 F。當四邊形 AECF 的面積為 78 時，求出正方形 ABCD 的面積。【4 分】

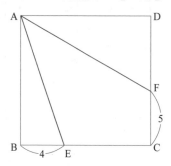

# 附錄　座標幾何及函數考古題

1. 一次函數 $y = 2x + 6$ 圖形中，問 $x$ 截距與 $y$ 截距之和。【3分】
   ①1　②2　③3　④4　⑤5

2. 反比關係 $y = \dfrac{a}{x}$ 圖形經過點 $(3, 4)$、點 $(6, b)$ 時，試問兩常數 $a$、$b$ 的相加值。【3分】
   ①13　②14　③15　④16　⑤17

3. 函數 $f(x) = -3x + 2$，$f(\dfrac{1}{2})$ 的值是多少？【3分】
   ①$-1$　②$-\dfrac{1}{2}$　③0　④$\dfrac{1}{2}$　⑤1

4. 點 $A(2, a)$ 是函數 $y = -2x + 9$ 圖形上的點，問實數 $a$ 的值。【2分】
   ①1　②3　③5　④7　⑤9

5. 一次函數 $f(x)$ 的圖形，當 $x$ 值增加 3、$y$ 值減少 6 時，請求出 $f(5) - f(2)$ 的值。【3分】
   ①$-6$　②$-5$　③$-4$　④$-3$　⑤$-2$

6. 當兩個一次函數圖形 $y = x + 3$、$y = 2x - 3$ 的交點座標為 $(a, b)$ 時，請問 $a + b$ 值為何？【3分】
   ①15　②16　③17　④18　⑤19

7. 一次函數 $y = 2x$ 圖形平行移動後，會與一次函數 $y = ax + b$ 圖形交疊。當這個圖形的 $x$ 截距是 3 時，求 $a + b$ 的值（$a$、$b$ 是常數）。【3分】
   ①$-8$　②$-7$　③$-6$　④$-5$　⑤$-4$

8. 攝氏溫度在一大氣壓時，水的冰點是 $0^{\circ}C$、沸點是 $100^{\circ}C$，在這之間劃分成 100 等分。華氏溫度在一大氣壓時，水的冰點是 $32^{\circ}F$、沸點是 $212^{\circ}F$，在這之間劃分成 180 等分。當攝氏溫度 $x^{\circ}C$ 以華氏溫度呈現是 $y^{\circ}F$ 時，$y = ax + b$（a，b 是常數）的關係式成立。當攝氏溫度 $20^{\circ}C$，華氏溫度是 $t^{\circ}F$ 時，請問 t 的值？【3分】
①68　②70　③72　④74　⑤76

9. 二次函數 $y = x^2 - 2$ 圖形往 x 軸方向平行移動 m、往 y 軸方向平行移動 n，形成二次函數 $y = (x + 1)^2 + 1$ 圖形，求 m + n 的值。【3分】
①$-2$　②$-1$　③0　④1　⑤2

10. 下列平面座標有點 A(2, 6)、點 B(8, 0)。當一次函數 $y = \dfrac{1}{2}x + \dfrac{1}{2}$ 圖形與 x 軸交會點為 C、與線段 AB 交會點為 D 時，求三角形 CBD 的面積。【4分】
①$\dfrac{23}{2}$　②12　③$\dfrac{25}{2}$　④13　⑤$\dfrac{27}{2}$

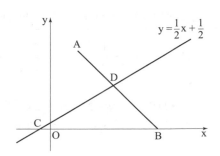

11. 一次函數 $y = ax + b$ 圖形如右圖所示，試問二次函數 $y = a(x + b)^2$ 圖形何者正確（a、b 為常數）？【3分】

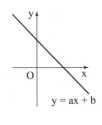

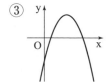

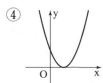
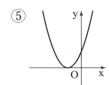

12.下圖為二次函數 $y = ax^2$（$a > 0$）圖形，圖形上的點 A、點 B 與 x 軸上的點 C、點 D，形成長方形 ACDB。當 $\overline{AB} : \overline{AC} = 6 : 5$，且點 B 在第一象限時，請問直線 OB 的斜率為何（O 是原點）？【3分】

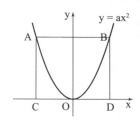

① $\dfrac{3}{5}$　② $\dfrac{5}{6}$　③ 1　④ $\dfrac{6}{5}$　⑤ $\dfrac{5}{3}$

13.不是 0 的兩個實數 a、b，當 $\sqrt{a^2} = -a$、$\sqrt{b^2} = b$ 成立時，下列二次函數 $y = ax^2 + bx$ 圖形何者正確？【3分】

① 　② 　③

④ 　⑤

14.座標平面上的四條直線 $x = 1$、$x = 3$、$y = -1$、$y = 4$ 圍成某圖形的面積，與一次函數 $y = ax$ 圖形二等分時，試問常數 a 的值。【4分】

① $\dfrac{1}{4}$　② $\dfrac{1}{2}$　③ $\dfrac{3}{4}$　④ 1　⑤ $\dfrac{5}{4}$

15.請選出下列正確說明二次函數 $y = x^2 - ax + a$ 圖形的選項（a 是常數）。
【4分】

    a. 經過點 $(1, 1)$。

    b. 往 x 軸方向平行移動 $-\dfrac{a}{2}$ 的圖形，與 y 軸對稱。

    c. 頂點位於 x 軸上的 a 的個數是 1。

    ①a  ②c  ③a, b  ④b, c  ⑤a, b, c

16.下列二次函數 $y = ax^2 + bx + c$ 圖形，與 x 軸交會的兩點 $(-1, 0)$、$(3, 0)$。
請選出下列正確選項（a、b、c 是常數）。【4分】

    a. $ab > 0$。

    b. $a + b + c > 0$。

    c. $(2, c)$ 經過此函數圖形。

    ①a  ②b  ③c  ④b,c  ⑤a,b,c

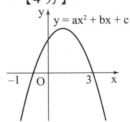

[17. ～ 18.]
右圖是位於座標平面第一象限的正方形
ABCD，四個邊與 x 軸與 y 軸平行。兩點 A、
C 分別在二次函數 $y = x^2$、$y = \dfrac{1}{2}x^2$ 圖形上，點
A 的 x 座標比點 C 的 y 座標大。請回答下列第
17、18 題。

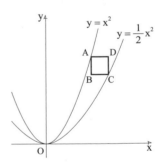

17.直線 AC 經過點 $(2, 3)$ 時，請直線 AC 的 y 截距。【3分】

    ①3  ②$\dfrac{7}{2}$  ③4  ④$\dfrac{9}{2}$  ⑤5

18.當 $\overline{AB} = 1$ 時，點 A 的 x 座標與 y 座標的和是多少？【4分】

    ①9  ②10  ③11  ④12  ⑤13

19. 座標平面的兩點 A(2, 2)、B(8, 2)。在
    滿足二次函數 $y = ax^2 + bx + c$（$a < 0$）
    圖形的條件下，求出 $a + b + c$ 的值
    （$a$、$b$、$c$ 是常數）。【4分】

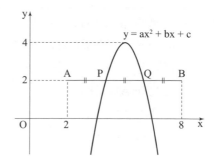

    (a) 頂點的 y 座標是 4。
    (b) 線段 AB 與兩點 P、Q 交會，
        $\overline{AP} = \overline{PQ} = \overline{QB} = 2$。

    ① $-28$　② $-26$　③ $-24$　④ $-22$　⑤ $-20$

20. 如下圖，座標平面上的 x 座標、y 座標都是自然數，y 座標比 x 座標
    平方值還小的點與二次函數 $y = x^2$ 圖形一起出現。點的個數在 x 座標
    是 2 時為 3，x 座標是 3 時為 8。當 x 座標是 43 時，點的個數為 N，
    下列何者無法成為自然數 N 的質因數？【4分】

    ① 2
    ② 3
    ③ 5
    ④ 7
    ⑤ 11

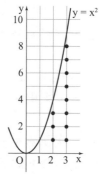

21. 座標平面上有兩個二次函數 $y = x^2 - 2x + 1$、$y = -\dfrac{1}{2}x^2 + 3x - \dfrac{5}{2}$ 圖形，
    x 軸與垂直線相遇的兩點分別為 A、B。下頁是關於點 C(k, 0)，求出
    三角形 ABC 可以成為直角三角形的正數 k 值的過程。

経過兩點 A、B 的直線方程式是 x = t，假設直線 x = t 與 x 軸的交點
是 D。若三角形 ABC 要成為正三角形，直線 CD 必須與線段 AB 垂
直等分。

因此在 $\overline{AD} = \overline{BD}$

$t^2 + \boxed{(ㄅ)} = 0$

$t = 1$ 或 $t = \boxed{(ㄆ)}$

若 $t = 1$ 時，不滿足條件，$t = \boxed{(ㄆ)}$ 時，能滿足條件，所以正數 k
的值是 $\boxed{(ㄇ)}$

上述符合（ㄅ）的算式為 f(t)、符合（ㄆ）、（ㄇ）的數為 a、b 時，求
出 f(a) + b 的值。【4 分】

① $-12 + 16\sqrt{3}$  ② $-11 + 16\sqrt{3}$  ③ $-12 + 17\sqrt{3}$  ④ $-12 + 18\sqrt{2}$

⑤ $-11 + 18\sqrt{2}$

22. 求出斜率為 4，且經過點 (2, 30) 的一次函數圖形的 y 截距。【3 分】

23. 直線 $y = ax + b$ 與直線 $y = 2x - 3$ 互相平行，直線 $y = x + 1$ 與 y 軸交
會，求出 $a + b$ 值（a、b 是常數）。【3 分】

24. 二次函數 $y = (x - 4)^2 + k$ 圖形的頂點在一次函數 $y = 3x - 1$ 圖形上，求
出常數 k 的值。【3 分】

25.兩個二次函數 $y = x^2 - 2x - 3$、$y = x^2 - 10x + 21$ 圖形如下圖所示。兩圖
的頂點分別為 A、B，二次函數 $y = x^2 - 2x - 3$ 圖形與 x 軸的交點分別
為 C、D 時，求出四邊形 ABCD 的面積。【4 分】

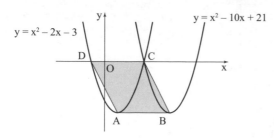

26.有 a、b 兩正數。如下圖正比關係 $y = ax$ 圖形與反比關係 $y = \dfrac{b}{x}$ 圖形在
第一象限交會的點是 A。經過點 A 與 y 軸平行的直線，與反比關係
$y = -\dfrac{b}{x}$ 圖形交點是 B。當 y 軸上兩點 C、D 形成的四邊形 ACDB 是邊
長 4 的正方形時，求出 ab 值。【3 分】

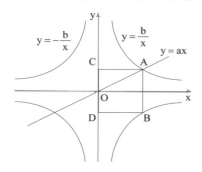

27.如下圖所示，求出三個二次函數 $y = -x^2$、$y = -(x+2)^2 + 4$、
$y = -(x+4)^2$ 圖形所圍成的面積。【4分】

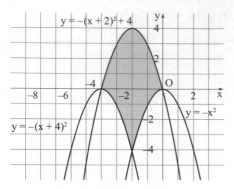

28.座標平面上的二次函數 $y = f(x)$ 圖形的頂點是 A、二次函數 $y = f(x)$ 圖形與 x 軸交會的兩點是 B、C，A、B、C 三點滿足下列條件：(a) 點 A 是二次函數 $y = -x^2 - 2x - 7$ 圖形的頂點、(b) 三角形 ABC 的面積是 12，求出 $f(3)$ 的值。【4分】

1. 用下列展開圖做一圓柱的體積是多少？【3 分】

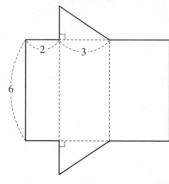

　①18　②20　③22　④24　⑤26

2. 請問下列兩直線的位置關係，何者不可能在同一平面？【3 分】
　① 重合。
　② 平行。
　③ 有相交。
　④ 垂直交會。
　⑤ 在一點上交會。

3. 下圖的平行四邊形 ABCD 有 ABC、CDA 兩個三角形，其重心分別為
　E、F。當 $\overline{BD} = 24$ 時，求出線段 EF 的長度。【3 分】
　①4　②5　③6　④7　⑤8

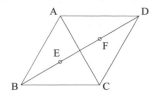

4. 直徑長分別為 8cm、12cm 的珠子 A 與珠子 B，兩者的價格與體積成正比。當珠子 A、珠子 B 的價格分別為 a 元、b 元時，請問 $\dfrac{b}{a}$ 的值為何（a 與 b 是正數）。【3分】

① $\dfrac{3}{2}$　② $\dfrac{9}{4}$　③ $\dfrac{23}{8}$　④ $\dfrac{25}{8}$　⑤ $\dfrac{27}{8}$

5. 如下圖所示，當四邊形 ABCD 的 $\overline{AB}=4$、$\overline{BC}=9$、$\overline{AD}=3$，對角線 BD 是 ∠B 的等分線，且 ∠BDA = ∠BCD 時，求出線段 DC 的長度。【3分】

① 4

② $\dfrac{17}{4}$

③ $\dfrac{9}{2}$

④ $\dfrac{19}{4}$

⑤ 5

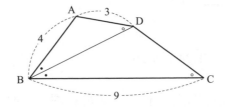

6. 當直角三角形 ABC 的∠C = 90°、$\overline{AB}=4$、$\overline{BC}=3$ 時，試問 tanB 值。【3分】

① $\dfrac{\sqrt{7}}{5}$　② $\dfrac{\sqrt{7}}{4}$　③ $\dfrac{\sqrt{7}}{3}$　④ $\dfrac{\sqrt{7}}{2}$　⑤ $\sqrt{7}$

7. 下列銳角三角形 ABC 的 $\overline{AC}=5$、$\overline{BC}=7$，當三角形 ABC 的面積是 14 時，求出邊 AB 的長度。【3分】

① $\sqrt{30}$

② $4\sqrt{2}$

③ $\sqrt{34}$

④ 6

⑤ $\sqrt{38}$

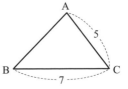

8. 如下圖，三角形 ABC 與三角形 ADE 互為全等，且∠BAD = 72°。當四個點 A、B、C、D 在圓上時，∠AED 的大小為何。【4 分】

① 120°

② 122°

③ 124°

④ 126°

⑤ 128°

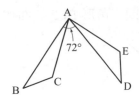

9. 將踏板以一定的間隔做出一個梯形踏板，中間有兩個踏板斷了。如下圖所示，兩踏板長度分別為 55、61，若要換掉斷掉的踏板，兩踏板的長度和是多少（梯形踏板彼此平行，且可忽略厚度）？【3 分】

① 110

② 112

③ 114

④ 116

⑤ 118

10. 下圖為四邊形 ABCD，邊 BC 靠近三等分點中 B 的是點 P、邊 DA 靠近三等分點中 D 的是點 Q。當四邊形 ABCD 的面積是 48，問四邊形 APCQ 的面積是多少？【3 分】

① 30

② 32

③ 34

④ 36

⑤ 38

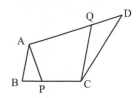

11. 下列是三角形 ABC，邊 AB 與邊 AC 的中點分別是 D、E，線段 BC 抓一個點 F，且 $\overline{BF} : \overline{FC} = 1 : 2$。若線段 BE 與線段 DF 交點為 P、三角形 BPD 的面積為 36 時，問三角形 BFP 的面積。【4分】

① 18
② 21
③ 24
④ 27
⑤ 30

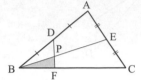

12. 有一 $\overline{AB} = 5$、$\overline{AD} = 12$ 的長方形 ABCD。當 ∠DAB 的等分線與 ∠BCD 的等分線，和對角線 BD 交會的點分別是 P、Q、線段 PQ 的長是 $\dfrac{b}{a}$ 時，問 a + b 值（a 和 b 為互質的自然數）。【4分】

① 105
② 106
③ 107
④ 108
⑤ 109

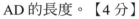

13. 下圖為 ∠B = ∠C = 90° 的梯形 ABCD，其面積為 36。從邊 BC 中點的 M，往下畫一垂直線到邊 AD 的垂足為 H 時，$\overline{BM} = \overline{MH} = 4$。問線段 AD 的長度。【4分】

① 9
② 10
③ 11
④ 12
⑤ 13

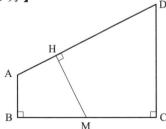

14.如下圖，有一∠C = 90°，$\overline{BC}$ = 12 的直角三角形 ABC，其內切圓半徑
　長為 2。請問此直角三角形 ABC 的外接圓周長是多少？【3 分】

　①13π

　②14 π

　③15 π

　④16 π

　⑤17 π

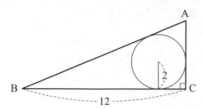

15.下圖為正方形 ABCD，以點 B 為中心畫一個扇形 BCA。當邊 BC 的垂
　直等分線與弧 CA 交會的點是 P 時，問∠BPD 的大小。【3 分】

　①120°

　②125°

　③130°

　④135°

　⑤140°

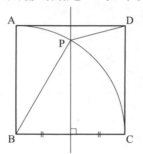

16.如下圖，從 $\overline{AB} = \overline{AC}$ 的等腰三角形 ABC 的頂點 C，拉一條垂直線
　至邊 AB 的垂足為 H。若 $\overline{AH} : \overline{HB}$ = 3 : 2，試問三角形 BCH 的 tanB
　值。【3 分】

　①2

　②$\dfrac{9}{4}$

　③$\dfrac{5}{2}$

　④$\dfrac{11}{4}$

　⑤3

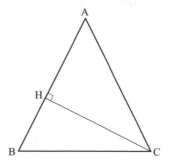

17. 下圖是 $\overline{AB} : \overline{BC} = \sqrt{3} : 1$、$\angle B = 90°$ 的直角三角形。若以邊 AB 為一邊做一個正五角形，該正五角形的面積是 54，請問以邊 CA 為一邊形成的正五角形面積是多少？【3 分】

① $30\sqrt{3}$

② 60

③ $36\sqrt{3}$

④ 72

⑤ 108

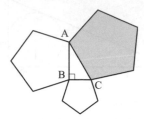

18. 下列為三角形 ABC，當邊 BC 的中點是 M 時，$\angle BMA = 60°$、$\angle MAB = 90°$，問 cosC 的值。【4 分】

① $\dfrac{\sqrt{7}}{14}$

② $\dfrac{\sqrt{7}}{7}$

③ $\dfrac{3\sqrt{7}}{14}$

④ $\dfrac{2\sqrt{7}}{7}$

⑤ $\dfrac{5\sqrt{7}}{14}$

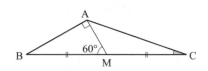

19. 有一 $\angle B = 90°$ 的直角三角形 ABC，當 $\sin A = \dfrac{2\sqrt{2}}{3}$ 時，問 cosA 的值。【3 分】

① $\dfrac{1}{6}$  ② $\dfrac{1}{3}$  ③ $\dfrac{1}{2}$  ④ $\dfrac{2}{3}$  ⑤ $\dfrac{5}{6}$

20.如右圖，左邊大樓屋頂上有一支點 A、右邊高樓屋頂上有一支點 B。兩點 A 與 B 往下拉一條線到地面的垂足分別為 C、D。又以兩樓之間的樹的頂點為支點 E，從點 E 拉一直線到地面的垂足為 F 時，$\overline{CF} = \overline{FD} = 45m$、$\overline{EF} = 30m$。從點 A 拉一直線到線段 BD 的垂足為 G，當 $\angle BAG = 30°$、$\angle EAG = 45°$ 時，線段 BD 的長度為 a 公尺。試問 a 的值為何（C、F、D 三點在一直線上）。【4 分】

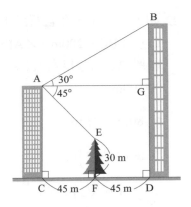

① $70 + 30\sqrt{3}$

② $75 + 30\sqrt{3}$

③ $75 + 35\sqrt{3}$

④ $80 + 35\sqrt{3}$

⑤ $85 + 35\sqrt{3}$

21.下列一次函數 $y = -\dfrac{3}{4}x + 3$ 圖形與 y 軸交會的點是 A，在該圖形上且從在第一象限的點 P 拉一直線到 y 軸的垂足是 Q。當三角形 AQP 的面積為 $\dfrac{8}{3}$，試問點 P 的 y 座標？【4 分】

① $\dfrac{1}{2}$

② $\dfrac{2}{3}$

③ $\dfrac{5}{6}$

④ 1

⑤ $\dfrac{7}{6}$

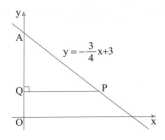

22.如下圖所示，在岩石島上的 A 點，海岸道路上有兩支點分別為點 B、C，而 $\overline{BC} = 200m$、$\angle ABC = 45°$、$\angle ACB = 60°$。若從點 A 拉一直線到線段 BC 的垂足為 H 時，請問線段 AH 的長度為多少？【3分】

① $100m$

② $80\left(3 - \sqrt{3}\right)m$

③ $80\left(3 - \sqrt{2}\right)m$

④ $100\left(3 - \sqrt{3}\right)m$

⑤ $100\left(3 - \sqrt{2}\right)m$

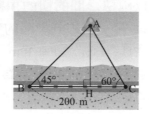

23.以長為 1 的線段 AB 為直徑，畫一半圓 O，將半圓 O 的弧 $\overparen{AB}$ 五等分的點中，最靠近點 B 的是點 C。當點 C 拉一直線到線段 AB 的垂足是點 H 時，請問與 sin18° 的值相同的線段為何？
【4分】

① $\overline{AC}$　② $\overline{AH}$　③ $\overline{BC}$　④ $\overline{BH}$　⑤ $\overline{CH}$

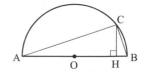

24.有一半徑長為 10 且中心角為 90° 的扇形 ABC，以及以線段 BC 為直徑所畫的一個半圓。如圖，與線段 AB、弧 BC、弧 AC 相鄰的圓面積為 $\dfrac{q}{p}\pi$ 。請問 p + q 值為多少（p 和 q 為互質的自然數）？【4分】

① 25　② 27　③ 29　④ 31　⑤ 33

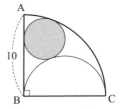

25.如右圖所示，是 $\overline{AB} = 12$、$\overline{AC} = 8\sqrt{2}$、
$\angle A = 75°$ 的三角形 ABC。當 $\angle BAD = 45°$、
$\angle DAC = 30°$，邊 BC 上有一點 D 時，試問
$\dfrac{\overline{BD}}{\overline{DC}}$ 的值。【4 分】

① $\dfrac{9}{8}$　② $\dfrac{5}{4}$　③ $\dfrac{11}{8}$　④ $\dfrac{3}{2}$　⑤ $\dfrac{13}{8}$

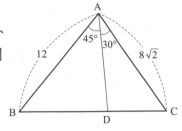

26.如圖，三角形 ABC 的邊 AB 上有一點
D，$\overline{AD} : \overline{DB} = 1 : 2$。若邊 BC 的中點為
E，兩線段 AE、CD 的交點為 F 時，問
$\dfrac{\triangle ADF}{\triangle FEC}$ 的值。【4 分】

① $\dfrac{1}{2}$　② $\dfrac{3}{7}$　③ $\dfrac{3}{8}$　④ $\dfrac{1}{3}$　⑤ $\dfrac{3}{10}$

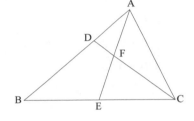

27.如圖所示，圓上的三點 A、B、C 與圓
外的點 P，直線 PC 是圓的切線，三點
A、B、P 亦為一直線。當 $\overline{AB} = \overline{AC}$、
$\angle APC = 42°$ 時，請問 $\angle CAB$ 的大小為
何。【4 分】

① 24°　② 26°　③ 28°　④ 30°
⑤ 32°

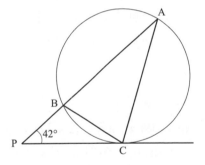

28.如圖，$\overline{AB}=2$，$\overline{BC}=4$ 的長方形 ABCD，
邊 BA 的中點為 M。以點 B 為中心、邊
BA 為半徑形成扇形 BMA，以及以點 C
為中心、邊 CD 為半徑形成扇形 CDM。
兩點 E、F 在邊 AD 上、兩點 G、H 分
別在弧 MA、弧 DM 上，若四邊形 EGHF 的 $\overline{EG}:\overline{GH}=1:2$ 時，其面
積為何？【4分】

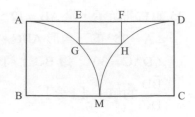

① $12-6\sqrt{3}$

② $8-4\sqrt{3}$

③ $8-5\sqrt{2}$

④ $6-3\sqrt{3}$

⑤ $12-8\sqrt{2}$

29.右圖為邊長 2 的正六角形，其側面皆為全等三角形
的稜錐體。當此稜錐體的高度為 $2\sqrt{3}$ 時，試問三角
形的面積是？【3分】

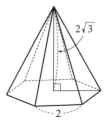

① $\sqrt{15}$　② 4　③ $\sqrt{17}$　④ $3\sqrt{2}$　⑤ $\sqrt{19}$

30.右圖為 $\overline{AB}=3a$、$\overline{AC}=2a$，且 $\angle C=90°$
的直角三角形 ABC。從點 C 拉垂直線到
邊 AB 的垂足為 D 時，線段 DE 長度可
為最小的自然數 a 是多少？【4分】

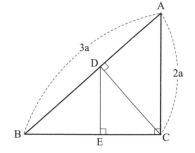

① 5　② 6　③ 7　④ 8　⑤ 9

31. 右圖是邊長為 6 的正三角形 ABC，邊 AB 與 AC 的中點分別為 M、N。線段 MN 的延長線與三角形 ABC 之外接圓相遇的兩點，靠近點 M 的是 P、靠近點 N 的是 Q。下列是求出線段 PQ 長度的過程。

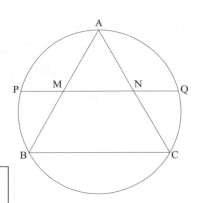

> M、N 分別是邊 AB、AC 的中點，
> 所以 $\overline{MN}$ = 　（ㄅ）
> 若 $\overline{PM}$ = x，三角形 ABC 是正三角形，
> ∠PAC = ∠PQC 且∠ANP = ∠QNC，
> △APN ∽ △QCN。
> 所以 3：＿＿ = x：3，
> 因此 $\overline{PQ}$ = 　（ㄆ）

上述符合（ㄅ）（ㄆ）的數分別為 a、b 時，問 $\dfrac{b}{a}$ 的值。【4 分】

① $\sqrt{5}$　② $\dfrac{4\sqrt{5}}{3}$　③ $\dfrac{5\sqrt{5}}{3}$　④ $2\sqrt{5}$　⑤ $\dfrac{7\sqrt{5}}{3}$

32. 右圖為 $\overline{AB}$ = 12、$\overline{BC}$ = 15 的四邊形 ABCD，頂點 C 摺往邊 AD 上的點 E。請問三角形 ABE 內切圓的面積為何？【4 分】

① $9\pi$　② $10\pi$　③ $11\pi$　④ $12\pi$　⑤ $13\pi$

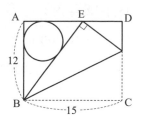

33.如圖，有一 $\overline{AB} = 5$、$\overline{BC} = 6$ 的長方形 ABCD，與以線段 BC 為直線、中心為 O 的半圓。線段 AD 的中點為 M，在這半圓畫切線與線段 AB 的交點是 P。當∠POB = ∠x，試問 sinx 的值是多少？【4分】

① $\dfrac{3}{10}$ ② $\dfrac{\sqrt{10}}{10}$ ③ $\dfrac{\sqrt{3}}{5}$ ④ $\dfrac{1}{2}$ ⑤ $\dfrac{\sqrt{3}}{3}$

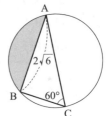

34.如下圖所示，圓內接三角形 ABC 滿足下列條件：(a) 線段 AC 是圓的直徑、(b) $\overline{AB} = 2\sqrt{6}$，∠C = 60°。請問弦 AB 與弧 AB 圍成面積是多少？【4分】

① $3\pi - 2\sqrt{3}$

② $3\pi - \dfrac{3\sqrt{3}}{2}$

③ $\dfrac{5}{2}\pi - \sqrt{3}$

④ $\dfrac{8}{3}\pi - \dfrac{3\sqrt{3}}{2}$

⑤ $\dfrac{8}{3}\pi - 2\sqrt{3}$

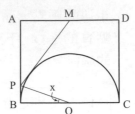

35.右圖為 $\overline{AB} = 3\sqrt{2}$、∠ABC = 45°、∠ACB = 60° 的平行四邊形 ABCD，請問 $\tan(∠CBD)$ 的值是多少？【4分】

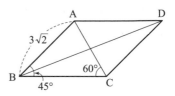

① $\dfrac{5 - \sqrt{3}}{22}$ ② $\dfrac{5 - \sqrt{2}}{22}$ ③ $\dfrac{6 - \sqrt{3}}{11}$ ④ $\dfrac{6 - \sqrt{2}}{11}$ ⑤ $\dfrac{7 - \sqrt{2}}{11}$

36. 下圖是六角形 ABCDEF，四邊形 BDEF 的周長為 88。四邊 AB、BC、CD、FA 的中點分別為 P、Q、R、S。三線段 CA、RS、DF 滿足下列條件：(a) $\overline{CA}$ // $\overline{RS}$ // $\overline{DF}$、(b) $\overline{CA}$ = 38，$\overline{DF}$ = 32。試問四邊形 PQRS 的周長是多少？【4分】

① 68
② 70
③ 72
④ 74
⑤ 76

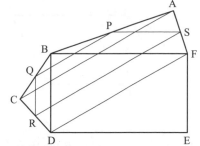

37. 下圖為三角形 ABC，當∠A 的等分線與邊 BC 的交點是 D 時，$\overline{AB} = \overline{AD}$。線段 AD 的延長線與點 C 的垂直交點為點 E，將線段 AB 和 O 線段 CE 延長，則交會於點 F，線段 CB 的延長線和點 F 的延長線交點是點 G。請選出下列正確選項。【4分】

(a) $\overline{BF} = \overline{GF}$

(b) $\overline{DF} = \dfrac{3}{5}\overline{BF}$

(c) $\overline{AE} = \dfrac{1}{2}(\overline{AB} + \overline{AC})$

① a　② ab　③ ac　④ bc　⑤ abc

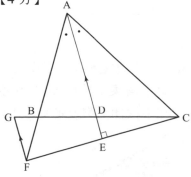

38. 底面的半徑長 6，且高 3 的圓錐體積為 aπ。求出 a 的值。【3分】

39. 求出 $3(\cos60° + \sin30°)^2 + \tan60° \times \tan30°$ 的值。【3分】

40. 下圖為 $\overline{AB}=4$、$\overline{BC}=6$ 的平行四邊形 ABCD，其面積是 $6\sqrt{11}$。從點 A 拉一直線到邊 BC，形成的垂足為 H 時，求出 $\overline{BH}^2$（∠B 為銳角）。 【3分】

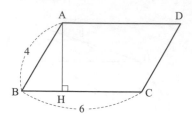

41. 下圖為 ∠C = 90° 的直角三角形 ABC，∠A 的等分線與邊 BC 的交點是 D。當 $\overline{AB}=15$、$\overline{AC}=10$ 時，求出 $\overline{DC}^2$ 的值。 【4分】

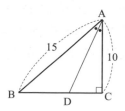

42. 某購物中心的手扶梯以傾斜 30°、每秒 40cm 的速度移動，如下圖有一學生搭乘手扶梯，當 10 秒移動 hcm 的高度時，求出 h 的值（假設不在手扶梯上跑或走）。 【4分】

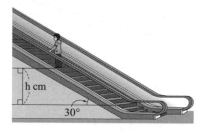

43.以下為圓心相同，但半徑長不同的兩個圓。當小圓接大圓的弦長為 $24\sqrt{3}$ 時，兩圓面積差為 $a\pi$，求出 a 的值。【4 分】

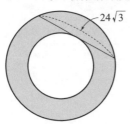

44 如圖所示，三角形 ABC 的內心為 I，畫一條與邊 BC 平行，且經過點 I 的直線，其與邊 AC 交會於點 D，從點 I 拉一直線到邊 AC 的垂足為 E。當 $\overline{ID} = 5$、$\overline{IE} = 3$ 時，求出線段 CE 的長度。【4 分】

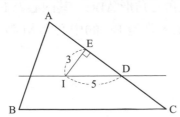

45.如下圖，半徑長度分別為 7、2 的兩輪被皮帶緊緊纏繞。當兩輪的中心之間的距離是 10 時，皮帶與輪子接觸的兩部分長度和為 $\dfrac{b}{a}\pi$。求出 a＋b 的值（a 與 b 為互質的自然數，且可忽略皮帶厚度）。【4 分】

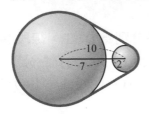

46. 以下為 $\overline{AC} = 8$、$\angle A = 90°$ 的直角三角形 ABC，以及以邊 BC 形成的正方形 BDEC。當正方形 BDEC 面積是三角形 ABC 面積的五倍，且 $\overline{AB} > \overline{AC}$ 時，求出邊 AB 的長度。【4分】

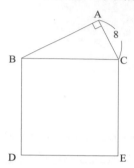

47. 下圖是 $\overline{AB} = 10$、$\overline{AC} = 24$、$\overline{BC} = 26$ 的直角三角形 ABC，其內心為 I。從點 I 拉一直線到邊 BC 形成的垂足為 H，當邊 BC 的中心為 M 時，求三角形 IHM 的面積。【4分】

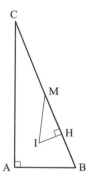

48. 下列為三角形 ABC，兩線段 AB、AC 的中點分別為 D、E。線段 BC 的三等分點分別為 F、G。當線段 DE 與兩線段 AF、AG 的交點分別為 H、I 時，四邊形 HFGI 的面積為 3。求出三角形 ABC 的面積。【3分】

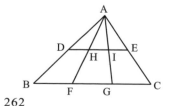

49.如下圖，以中心是 O、長度是 10 的線段 AB 為直徑所形成的圓，圓上有一點 P。兩線段 AP、PB 的中點分別為 M、N，半徑 OM 與圓的交會點為 C、半直線 ON 與圓的交點為 D。當 $\overline{CM}=2$ 時，求出兩個三角形 CAP 與 DPB 的面積和。【4分】

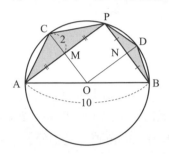

50.在中心為 O 且半徑長為 10 的球上，從平行的兩平面將球剪開時，產生的斷面分別為 A、B。這時點 O 是頂點且兩斷面 A、B 為底面，所形成的兩個圓錐的高度比為 1：2、底面的面積比為 41：14。當兩圓錐和是 $k\sqrt{2}\,\pi$ 時，求出 k 的值。【4分】

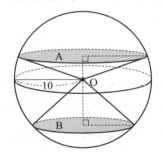

51.下頁圖為邊長皆一致的四角錐 ABCDE。三角形 ACD 的重心是 G、三角形 ADE 的重心是 G'。邊 CD 上的點 P 與邊 DE 上的點 Q，當 $\overline{GP}+\overline{PQ}+\overline{QG'}$ 的最小值是 $30(3\sqrt{2}+\sqrt{6})$ 時，請求出四角錐 ABCDE 的邊長。【4分】

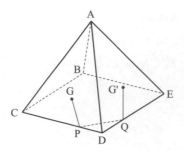

52. 如下圖的正方形 ABCD，抓出線段 BC 線上的點 P 讓 $\overline{PC}=1$。當 ∠PAD 的等分線與兩線段 DC、DP 的交點分別為 Q、R 時，$\overline{PR}:\overline{RD}=17:15$。當線段 QC 的長度為 $l$ 時，求出 $70l$ 的值。【4 分】

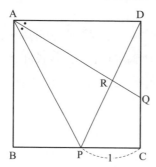

53. 如圖，長度 10 的線段 AC 為直徑的圓，內接一個四邊形 ABCD，$\overline{AB}=8$ 且對角線 AC、BD 垂直交點為 E。從點 E 拉一直線到線段 BC 形成端點 F、直線 EF 與邊 AD 交會的點是 G。問當線段 FG 的長度為 $l$ 時，求出 $25l$ 的值。【4 分】

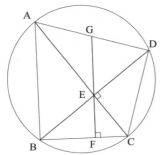

54.如下圖的三角形 ABC，其邊 BC 的中點為 M、邊 AC 三等分的兩點分
別為 D、E。又線段 AM 與兩線段 BD、BE 交會的點分別為 P、Q。當
$\overline{PQ} = 1$ 時，$AM = \dfrac{q}{p}$，求出 p + q 的值（p、q 是互質的自然數）。【4分】

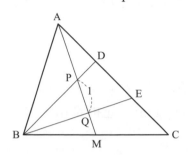

# 附錄　機率與統計考古題

1. 將數字 1、2、3、4、5、6 分別寫在六張卡片上。隨意從中抽出一張卡片時，抽中 2 或 5 的倍數的卡片機率有多少？【3 分】

① $\frac{1}{6}$　② $\frac{1}{3}$　③ $\frac{1}{2}$　④ $\frac{2}{3}$　⑤ $\frac{5}{6}$

2. 下表為某個春日上午，測量全國 25 個都市懸浮微粒濃度的相對次數分配折線圖表。請問懸浮微粒濃度在 200μg/m³ 以上的都市，占全體的幾％？【3 分】

①12　②14　③16　④18　⑤20

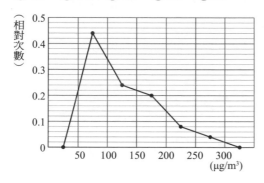

3. 從五位男學生、六位女學生中，選出三位代表時，試問選出兩位男學生與一位女學生的情況。【3 分】

①40　②45　③50　④55　⑤60

4. 某一農場出產的十個雞蛋重量如下，請問此資料的眾數為何？【3 分】

（單位：g）

| 45 | 48 | 49 | 47 | 43 |
|----|----|----|----|----|
| 43 | 42 | 43 | 41 | 45 |

①41g　②43g　③45g　④47g　⑤49g

5. 下列是某資料的離差。問這一資料的分散為何（a 為常數）？【3 分】

| 1 | − 1 | − 5 | a | a + 1 |

①7　②8　③9　④10　⑤11

6. 下列是以某高中 20 名學生為對象，調查在一學期中修習校內課後班的次數分配表。當從這群學生中隨機選出一名時，此學生的修習時數在 30 小時以上的機率是多少？【3 分】

| 修習時間（時數） | 次數（名） |
|---|---|
| 0 以上～ 10 未滿 | 3 |
| 10 ～ 20 | 2 |
| 20 ～ 30 | 6 |
| 30 ～ 40 | 4 |
| 40 ～ 50 | a |
| 合計 | 20 |

①$\dfrac{1}{4}$　②$\dfrac{3}{10}$　③$\dfrac{7}{20}$　④$\dfrac{2}{5}$　⑤$\dfrac{9}{20}$

7. 袋子裡有一顆紅球、五顆藍球。甲先掏出一顆球，確認顏色後再次放入袋中，乙掏出一顆球，也確認了顏色，這時兩人中最少有一個人掏出紅球的機率是？【3 分】

①$\dfrac{1}{18}$　②$\dfrac{5}{36}$　③$\dfrac{2}{9}$　④$\dfrac{11}{36}$　⑤$\dfrac{7}{18}$

8. 調查有 30 名學生的 A 班，以及有 20 名學生的 B 班的數學分數，並製作出下列相對次數分配折線圖，請選出以下正確選項。【4 分】

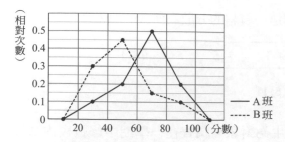

a、A 班的數學成績在 40 分以上、未滿 60 分的學生有 6 名。

b、A 班的數學平均成績比 B 班高。

c、各班的相對次數分配表與橫軸圍起來的圖形面積相同。

①a ②c ③ab ④bc ⑤abc

9. 在 9 張卡片中，分別寫上 1 到 9 的自然數。甲拿 2、5、9；乙拿 1、7、8 片；丙拿 3、4、6。當甲、乙、丙三人同時掏出卡片時，問卡片上數字最大的那個人是甲的所有情況是多少？【4分】

①7 ②8 ③9 ④10 ⑤11

10.如下圖所示，有桌子 A、B、C、D，在桌上分別隨機擺上寫著 1、2、3、4 的卡片。問 C 桌上卡片的數字比 A 桌上卡片的數字大、D 桌上的卡片數字比 B 桌上卡片的數字大的機率是多少？【4分】

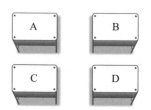

① $\dfrac{1}{6}$ ② $\dfrac{1}{5}$ ③ $\dfrac{1}{4}$ ④ $\dfrac{1}{3}$ ⑤ $\dfrac{1}{2}$

11.某高中以一年級八名、二年級兩名組成籃球社團，這十位同學分別進行十次的自由投籃，並調查成功的次數。二年級的兩位分別成功了五次、七次，一年級的八位同學的平均成功次數是六次，離散是四。請問這十位學生成功次數的離散是多少？【4分】

①3.2　②3.4　③3.6　④3.8　⑤4

12.學生 A、B、C、D 參與為期四天的志工服務，每一天選出一位學生負責四位的用餐事宜。在決定順序時，A 負責第三天的情況是多少？【3分】

13.A 袋有三顆白球、五顆藍球，B 袋有七顆白球、三顆藍球。從 A 袋與 B 袋分別掏出一顆球時，兩顆球都是白色的機率是 $\dfrac{p}{q}$。求出 $p+q$ 的值（p 和 q 是互質的自然數）。【3分】

14.使用數字 1、2、3 組成一個同一數字相鄰的五位數自然數，這時萬位數字與個位數字相同的情況是多少？【4分】

15.如下圖，有兩個轉盤 A、B。各自將兩個轉盤轉動一次，當轉盤停止時，箭頭分別指向數字 a、b。求出這時 a < b 的機率（不考慮箭頭會指向邊界的情況）。【3分】

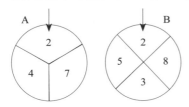

16. 同時擲出不同的 A、B 兩個骰子時，B 骰子所擲出的數字是 A 骰子擲出的數字的倍數的機率是 $\dfrac{p}{q}$。請求出 $p+q$ 的值（p 與 q 是互質的自然數）。【4分】

17. 某校有 6 個社團。每個社團的會員人數必須滿足以下資料：(a) 最小數是 8 且最大數是 13、(b) 中位數 10 且眾數是 9。當此份資料的平均是 m 時，求出 12m 的值。【4分】

18. 將一個骰子丟 9 次，全數資料羅列分析如下。當這一份資料離散是 V 時，求出 81V 的值。【4分】
    (a) 骰子的各點數最少會出現一次。
    (b) 眾數只有 6 且中位數與平均都是 4。

國家圖書館出版品預行編目 (CIP) 資料

28 天救回國中數學：從 20 分快速進步到 70 分，用
你一定可以理解的方式打好基礎，看完題目再也
不說「我放棄」。/ 鑰匙出版社著 ；陳聖薇譯 . --
初版 . -- 臺北市 ： 大是文化有限公司，2023.11
272 面 ； 17 × 23 公分 . --（Think ; 266）
譯自 : 중등 키 수학 총정리 28 일 완성
ISBN 978-626-7377-06-2（平裝）


1. CST ： 數學教育　2. CST ： 中等教育


524.32　　　　　　　　　　　　　　　112015797

Think 266

# 28 天救回國中數學

從 20 分快速進步到 70 分，用你一定可以理解的方式打好基礎，看完題目再也不說「我放棄」。

作　　　者／鑰匙出版社
譯　　　者／陳聖薇
責任編輯／許珮怡
校對編輯／蕭麗娟、林盈廷
美術編輯／林彥君
副總編輯／顏惠君
總 編 輯／吳依瑋
發 行 人／徐仲秋
會計助理／李秀娟
會　　　計／許鳳雪
版權主任／劉宗德
版權經理／郝麗珍
行銷企劃／徐千晴
業務專員／馬絮盈、留婉茹、邱宜婷
業務經理／林裕安
總 經 理／陳絜吾

出 版 者／大是文化有限公司
　　　　　臺北市 100 衡陽路 7 號 8 樓
　　　　　編輯部電話：（02）23757911
　　　　　購書相關資訊請洽：（02）23757911 分機 122
　　　　　24 小時讀者服務傳真：（02）23756999
　　　　　讀者服務 E-mail：dscsms28@gmail.com
　　　　　郵政劃撥帳號：19983366　戶名：大是文化有限公司
法律顧問／永然聯合法律事務所
香港發行／豐達出版發行有限公司 "Rich Publishing & Distribut Ltd"
　　　　　地址：香港柴灣永泰道 70 號柴灣工業城第 2 期 1805 室
　　　　　　　　Unit 1805, Ph. 2, Chai Wan Ind City, 70 Wing Tai Rd, Chai Wan, Hong Kong
　　　　　電話：21726513 傳真：21724355
　　　　　E-mail：cary@subseasy.com.hk

封面設計／林雯瑛
內頁排版／咸禾工作室
印　　　刷／鴻霖印刷傳媒股份有限公司

出版日期／2023 年 11 月 初版
定　　　價／新臺幣 499 元（缺頁或裝訂錯誤的書，請寄回更換）
ＩＳＢＮ／978-626-7377-06-2
Printed in Taiwan

중등 키 수학 총정리 28 일 완성
(The Key to Middle School Math in Just 28 Days)
Copyright ©2019 by 키출판사 (Key Publications)
All rights reserved.
Complex Chinese Copyright © 2023 by Domain Publishing Company
Complex Chinese translation Copyright is arranged with KEY PUBLICATIONS
through Eric Yang Agency
版權所有，侵害必究